国家出版基金项目
NATIONAL PUBLICATION FOUNDATION

南下冶村

山东村落田野研究丛书

张士闪 李松 总主编

韩朝建 杨莹 著

山东大学出版社

《山东村落田野研究丛书》编委会

总序

编纂一套山东村落田野调查方面的丛书，立意甚早。20多年来，以山东大学为核心的山东民俗学团队，每年都会安排多次村落田野调查活动，许多博士、硕士学位论文也以村落为田野点，注重对田野材料的挖掘与分析，紧贴乡土作实证研究，迄今竟有百村之数。学术论文的阅读群终归有限，将这些辛苦得来的第一手田野资料，以写实的手法呈现出一个个真实的村落世界，向社会提供一份可信的国情资料，一直是我们共同的心愿。

2016年夏，山东大学民俗学研究所与山东大学出版社共同策划、申报“山东村落田野研究”选题，并于2017年春被列入国家出版基金规划资助项目，夙愿终偿。我们从以山东村落为田野点的博士、硕士学位论文中遴选出20种，邀约作者遵循“深描村落生活，凸显村民主体，梳理乡土文脉，展现国情底色”的原则，进行改写或重写。为使这一原则不致落空，我们课题组密集举办三次小型研讨活动，达成如下共识：

首先，小中见大，述而见议。这套丛书所选村落虽然都在山东，但学术视野并不自我设限，讲究以小见大，寓学理于讲述之中，助推对于中国社会的深入理解。这需要作者秉持综合、开阔的学术眼光，既关注村落的历史脉络，涵括其驳杂的历史动态，又聚焦当今村民主体话语，反映村落的社会现实和未来走向。

其次，关注传承，着眼动态。在乡土社会发生剧变的当下，我们理应重新观察和思考作为人类最基本的生活共同体的村落，关注其自治传统的传承及组织机制，得出符合其自身历史实际和内在逻辑的阐释。村落描述，不应该成为乡村琐事的拼盘，也不是对于一个个村落凝固幻象的编织，甚至也

不应满足于立此存照式的一幅幅风俗画。我们深信，就在众多村落所呈现的异同之间，蕴含着中国基层社会的真正奥秘。

再次，村民本位，日常视角。坚持村落民俗志描述中的村民本位，摆脱那种将文人的文字传统视为“唯一性知识”的旧习，将村民日常使用更广泛的口述、物象、仪式等知识形式，放在至少是与文字同等的位置。我们深知，白纸黑字所代表的文字表达传统，仅仅是占社会总体人数很少的文人阶层所推重的一种特殊知识形式，而远非人类知识之全部。在乡村社会中尤其如此。将村落的历史、当下与未来贯穿起来的村民，在“过日子”中凝结而成的丰富知识形式，理应在村落民俗志中显现光彩。我们期望这套丛书出版后，不仅供学者研究、都市人阅读，还有村民愿看，甚至成为村落典藏。让乡土知识真正实现“从民众中来，到民众中去”，是我们最大的心愿。

新世纪以来，随着以全球化、都市化为特征的现代生活的迅速普及，乡土民俗的连续性、系统性、整体性已严重受损，曾作为中国社会主体的乡土村落正经历巨变。但无论如何，村落依然是中国传统文化的重要承载地，农民是绝不可轻忽的文化传承主体。当代学者的一项重要使命就是关注村落，将村落中的人、事、文化传统与生活现状等视为一个整体，通过深描村落社会运行的逻辑，阐释村民的生活世界及其赋予生活的意义之所在，并在此基础上对其组织形态、机制及变迁予以描述与推导，这对于理解中国乡村文化传承乃至整个中国社会大有裨益。我们深知：梳理中国村落的历史来路，叩问其从何而来；展示由形形色色民俗事象所构成的村落人文世界，理解现状与内在脉络；观察村落在现代化进程中的遭遇与新创，关注其向何处去——这应该成为村落研究介入当代中国社会发展、彰显乡村文化茁壮活力的基本向度。

一、中国村落研究传统

生于乡土，终老乡土，曾在漫长岁月中被绝大多数国民视若天经地义，这一社会事实本身即足以显示村落的意义。我们相信，“在村落中研究”（格尔兹语）的学术实践，在当今“世界史”“全球史”风起云涌之际，不仅没有过

时，而且不可或缺。毕竟，无论是重述“亚洲”，还是重述“世界”，我们仍要以乡土中国为立足点。

传统意义上的村落，自有其历史渊源与发育过程。村落社会的组织与运行，离不开稳定的民俗传统的传承。民俗传统既具有群体规约性质，又能为民众提供身份认同与人生意义，因而蕴含生机，常在常新。村落之为“问题”，乃是 19 世纪末 20 世纪初，一批知识分子基于晚清社会之变局“眼光向下”的产物：一方面，受西方入侵影响，新的生产方式与经济结构已日益内嵌于中国基层社会，传统时代城乡互动的社会运行模式被打破，作为中国乡土社会基本单元的村落日渐萎缩，成为当时中国社会整体发展失衡状况的表征之一；另一方面，以“西学东渐”为背景而形成的革命性、现代性强势话语，逐渐渗入乡土社会，持续改写着村落发展的内在逻辑，造成了民间自治传统的失衡或断裂。① 以此为背景，乡土社会成为当时知识精英普遍关注与“拯救”的对象，村落则成为中国现代学术研究的重要单元。

诚然，学术活动不能没有研究单元的设计。20 世纪上半叶，以费孝通、林耀华等为代表的中国学者，就注意选择村落或村寨为研究单元，并在其学术生涯中长期坚持，认为村落既是便利研究者做全面了解的较小的社会单位，又是反映人们社会生活的比较完整的切片。② 其中奥秘，恰如英国人类学家布朗所强调的，对于一个村庄进行细致入微的研究的意义在于——既要看到村落社区生活的某一个方面在整体的社会生活中的功能，也要看到这个村落本身的组成结构。③ 钟敬文在 1983 年中国民俗学会成立的讲话中，将“搞民俗学当然着重在广大农村”当作不言而喻的前提④，后又在不同场合多次表述，获得了国内民俗学界的广泛响应，乃至成为经典范式。20 世纪 90 年代初，刘铁梁从民俗传承生活空间的角度，论述了村落作为基本研究

① 参见张士闪：《“顺水推舟”：当代中国新型城镇化建设不应忘却乡土本位》，载《民俗研究》2014 年第 1 期。

② 参见费孝通：《江村经济——中国农民的生活》，商务印书馆 2001 年版，第 24 页。

③ 转引自赵旭东：《权力与公正——乡土社会的纠纷解决与权威多元》，天津古籍出版社 2003 年版，第 10 页。

④ 参见钟敬文：《民俗学的历史问题和今后的工作》，载《钟敬文自选集》，首都师范大学出版社 2008 年版，第 409 页。

单位的意义，明确了村落研究在民俗学学科中的理论地位。[①] 时至今日，以村落为单元进行研究的学者仍为数众多，跨越民俗学、人类学、社会学、历史学、民族学、艺术学等学科。诚然，在国土广袤的中国，无论从事怎样的课题研究，从相对自成体系而又较小的村落生活共同体入手，自有其合理性，而且有望产生深厚的学术理论意义。更何况，村落研究还被赋予认知历史、立足当下、面向未来的重要使命。村落形态尽管一直处于或微或巨的变化之中，但它所塑造的文化模式与传统，在可预见的未来中国仍具重要价值，乃是不争的事实。

但与此同时，对于以村落为研究单元的批评一直不绝于耳。美国学者施坚雅的批评可谓尖锐："研究中国社会的人类学著作，由于几乎把注意力完全集中于村庄，除了很少的例外，都歪曲了农村社会结构的实际。如果可以说农民是生活在一个自给自足的社会中，那么这个社会不是村庄而是基层市场社区。"[②]在施坚雅的"市场圈"理论之后，又陆续出现了祭祀圈、婚姻圈、联村组织等研究范式，对村落研究模式予以拓展，努力将村落单元置于更大范围的区域社会脉络中予以理解。毕竟，村落社会并非村民的简单集合，村民生活也并非只与村落有关。自古及今，村民与村外世界联系的普遍性是无可置疑的。[③]

围绕村落作为研究单元的种种争论，有相当多的误解在内。比如：对于村落生活共同体的基本理解，是被动、静态，还是动态、开放？争论双方其实是基于不同的预设。村落研究，如果将村落理解为动态、开放的社区，就应该成为从村落出发的研究，以小见大地拓展个案研究的价值，而那种从较大区域展开的研究，如果将村落理解为被动、静态的社区，也不见得就一定贴

---

① 参见刘铁梁：《村落——民俗传承的生活空间》，载《北京师范大学学报（社会科学版）》1996 年第 6 期。最近，他对此作了更明确的表述："村落被民俗学者视为田野调查的最佳场域，也是最基本的空间单位……民俗学把村落作为一个整体的小社会进行观察和分析。在村落中观察到的民俗文化事象，具有时空的限制意义。"（刘铁梁：《"深描"中国村落文化变迁》，载 2017 年 7 月 10 日《中国社会科学报》）

② ［美］施坚雅（G. William Skinner）：《中国农村的市场和社会结构》，史建云、徐秀丽译，中国社会科学出版社 1998 年版，第 40 页。

③ 即使在前现代化时期，村落本身也不可能像老子所说的"鸡犬之声相闻，民至老死不相往来"，如多村共用一庙、信仰仪式的村落轮值等。当代学界热衷于以"古村落""传统村落"等为研究对象，频繁使用"原生态""原汁原味""本真性"等概念，其实都是以将封闭自足视作村落的"典型"状态为预设的。

近了“农村社会结构的实际”。其中的关键，是对于乡村社区与村民主体之间互动关系的理解，而不在于所选择的研究单元的大与小。即便是规模不大的村落，毕竟也是民众多种力量共存的、活态的生活共同体。其实，在中国乡土社会研究中，真正让人遗憾的是对于村民主体性的轻忽或漠视，这是在上述研究模式中一直未能得到根本改变的死角。

二、村落研究，应聚焦民众主体

绝大多数的村落研究，往往将民众的文化笼统地归于“民俗”，似乎民众的文化生命是以“民俗传承”来丈量或维系的。厘清民众与民俗的关系，将有助于拨开笼罩在村落研究中的多重迷雾。民俗，究竟是民众自发的文化创造，还是基于“一二人倡之，千百人和之”的精英引领，抑或不过是国家大一统进程中“礼化为俗”的结果？细究之，上述三种观点虽都不免以偏概全，却也都道出了民俗的某一要义。若将三者统观，庶有助于对“民俗”乃至村落的理解。

首先，民俗的本质是民众主体的文化创造，自无可置疑。民俗传统，即民众在长期生活实践中，以约定俗成的方式促使某种价值规范发生从世俗到超验的升华过程。值得注意的是，这一升华过程绝不是一朝一夕所能成就，也并非一成不变，而是在民众生活共同体内部始终蕴含着多变的可能，呈现出活态性质。同时，再有力的国家行政运作，也无法随意篡改民俗传统或改变村落社会的民众主体性质。近年来对于当代村落的近距离观察，使我们更加确信：在当下新型城镇化的浪潮中，民俗传统不仅没有遁隐，而且变得更富弹性与多元。时至今日，某些村落的发展轨迹时显诡异，其“突然终结”与“奇迹再生”之现象让人大感迷惑。究其实，民众力量在社会剧变中的屈抑与释放当是理解这一现象的重要维度。

其次，自古以来，民俗的形成与发展均离不开知识精英的引领作用。我们在田野作业中发现，很多民俗传统一开始是作为事件应激之文化反应而出现的，如村落形成之初的生存所需、灾乱年头的秩序维持、太平时期的发展机遇捕捉等。这种因应激而形成的文化反应，不会随着事件的完结而迅即消失，而是沉淀、扩散到地方生活中，形成社会经验，此后又会在后发的事

件应激中被运用，最终磨合成一种社会行为模式。在应激事件、应激性文化反应与社会行为模式的互动过程中，离不开少数文化精英的有意识运作，并最终使之沉淀为乡土民俗。恰如“民俗”之作为现代学术概念，也是伴随着现代城市化的发展进程而为知识精英所发明并设置意义的。正像铃木正崇所说：“直到近代，‘民俗’与‘传统’在消灭和生成的间隙中得以发现。”[①]不过，少数知识精英的引领作用，从来是与其“适于时而合于势”的行为选择密切相关的。兹以地方志书中的灾荒记录为例予以简单说明。地方志书中总是凸显地方精英的非凡作用，比如为减税急赈而为民请命、订约立碑以控制社会秩序等，而将一方民众作为背景因素，至多以“民不聊生”“饥民四起”等语大略言之。这显然并非社会事实。实际上，精英的行为往往是受地方社会情势所激，其对于当时国家政治态势的估测，与对于地方民众心理的揣度，为其行为选择提供了关键性依据。但作为地方社会情势重要构成因素的民众，却在地方志书中被大大忽视了。

再次，中国很早以来就已形成所谓的“礼俗社会”，传统中国作为一个复杂社会系统，在民间生活与国家政治之间有着复杂而深厚的同生共存关系。纵观一部中华文明传承发展史，国家意识形态经常借助对民俗活动的渗透而在乡村生活中贯彻落实，形成“礼”向“俗”落实、“俗”又涵养“礼”的礼俗互动的政治框架。礼俗互动，既包括民众向国家寻求文化认同并阐释自身生活，也体现为国家向民众提供认同符号与归属路径。换言之，借助民俗文化的生机跃动，民间社会始终发挥着对于主流文化的葆育能力。以此为基础，在中国社会悠久历史进程中的“礼俗互动”，就起到了维系“国家大一统”与地方社会发展之间平衡的作用。[②] 国家政治与民间自治之间的互动关系，不仅形塑着社会组织的基本形式，也由此产生了社会生活层面的文化交织现象：“国家对村落的政治干预与民间自治之间有长期互动的历史，结果是形成了今天(家族村落)聚落联合体的基本组织形式。”[③]以此理解中国大地上的众多村落，庶有较通观的眼光。

① [日]铃木正崇：《日本民俗学的现状与课题》，赵晖译，载王晓葵、何彬编：《现代日本民俗学的理论与方法》，学苑出版社 2010 年版，第 3 页。

② 参见张士闪：《礼俗互动与中国社会研究》，载《民俗研究》2016 年第 6 期。

③ 刘铁梁：《传统乡村社会中家庭的权益与地位——黄浦江沿岸村落民俗的调查》，载《北京师范大学学报(社会科学版)》2001 年第 6 期。

三、村民口述的意义

走进村落，不仅要关注“民生”，而且要体察“民心”，感受民众生活史与心态史的双重意义。面对民众的生活与文化，传统的学术工具似乎不那么灵光了。

比如，我们在村落调查中，经常有各种各样的困惑。为什么历史上的某一事件，会频繁地被村民表述，还被表述者加上了许多的发明和创造？不仅如此，看起来离“真相”越来越远的表述，反倒经常成为后人的话题中心，并在现世生活的裹挟下发生效用，而事件本身（即所谓“真相”）倒不见得重要了。还有，为什么是历史上的这一事件而不是另一事件，频繁地被这一地方而不是另一地方的人不断关注，并“折腾”出了这样的而不是别样的传统？有果必有因，有事必有人，民间自有其文化选择与传承的机制——没有关注，就不会有表述；没有关注和表述，就不会有传统的发明和创造。

显然，前者关注的是一种文化传承的线性历史，后者则关注其内在结构逻辑，耶鲁大学教授萧凤霞试图以“结构过程”[①]涵括二者。要想真正地解惑答疑，就必须在具体的区域社会空间中将二者结合起来，关注某一传统从过去到现在的建构过程与多元指向，并特别聚焦其主体表述。这一研究模式的策略是，一种传统在不同时代留下的表述有或微或巨之别，而就在种种表述的同异之中，蕴含着区域社会发展的历史脉络与内在逻辑。因此，我们的工作首先是挖掘各种表述，然后在各种表述之间寻找关联，总结民间叙事的特征，并在此基础上还原“社会事实”，建构逻辑关系。鉴于历史上官方、知识精英与民众的互动情形驳杂不一，我们今天所见的“传统”基本上都已经历过无数次改写，只是我们难以知情罢了，因此必须保持足够的警觉。这也意味着，我们在关注传统的线性历史脉络的同时，要特别关注地方社会中人的创造能力及创造逻辑。

用这样的眼光看，民间口述材料中所谓的“随意性”，不但不应是拒绝采信的理由，反倒要视为民间叙事乃至地方生活的应有特征，为我们解读历史

① 萧凤霞：《廿载华南研究之旅》，载《清华社会学评论》2001 年第 1 期。

提供了一种相对稳实可靠的地方逻辑。一个人（当然也包括多人）对于同一事件的不同表述，既可以是基于生活状态与交流情境不同而形成的差异，也可能是他对事件表述的不同侧面的选择，还可能是他自身“觉昨非而今是”而有所改变的结果。叙事者，既是能动的个体，又会受到国家历史进程与地方社会发展格局的影响。更重要的是，国家历史进程与地方社会发展并不是作为人类个体活动的静态背景而存在的，而是通过无数个体的能动性活动才得以实现的。个体与群体的叙事及其他行为，对于地方社会发展与国家历史进程的推动作用，至今尚难以准确估测，但在它们之间存在着至为复杂的关联与互动关系，则毫无疑问。因此，民间叙事基于村落生活而呈现出的所谓“随意性”，不但不是田野研究的绊脚石，反倒蕴含着学术进步的契机，因为这是理解村民的历史观、价值观的必由之径。

村落中的民间叙事，还会努力保持与地方志、族谱、文人著述等文字传统的一致性。比如，它们都倾向于将本地区的历史与文明传统演绎得悠久古老，竭力与上古圣贤、神灵怪异建立关联，以贴近“人杰地灵”的叙事逻辑。显然，地方社会一直在不断地重新定义和建构自身传统的神圣与伟大，只不过官方和文人的叙事多以县境为单元，村民则多以村境为指向，官民之间经常发生的“文化合谋”即在此背景下展开。这与现代婚礼上对于恋人“缘分”的演绎，电视选秀者对其生平际遇的“赋值”等现象，如出一辙。其中的关键是如何建构叙事的合理性，以感染受众，并挟以自重。由此可知，执着于对民间叙事证实或辨伪的学者，既难以理解历史，也不能洞悉民众智慧。

村落研究，是不能不将历史学与民俗学、人类学的研究方法加以综合运用的。就村落史研究的学科传统而言，历史学追求历史真相，其研究注重证实或辨伪，而民俗学、人类学则关注民众如何记忆历史，以及为什么这样记忆历史。村民的历史记忆可以是虚构的、附会的、可改变的，因为它指向的是意义。比如，在山东各地的移民传说中，潍水以西大都说是来自山西洪洞大槐树（有的强调是由河北枣强中转而来），潍水以东的胶东半岛则普遍流传着“小云南移民”的说法。虽然众口一词言之凿凿，但在历史上不可能村村如此。然而，人们还是将传说演绎为一种显赫话语，争相讲述、争论与传播。在争来说去之间，这一传说就被广阔地域的人们演绎为一种有意义的历史记忆，衍生出文化认同、精神安顿等现实意义。克拉克认为：“人类学者

一向比社会学者和历史学者对于历史意义的重要性更为敏感。和'什么事实际上发生过'同样重要的，是'人们以为发生过什么样的事'，以及他们视它有多么重要的。"[①]真正的村落研究，不仅是在为包括历史学在内的多种学科提供民众口述资料，其实还有更为重大的使命，就是挖掘和呈现民众生活实践中的文化创造及其价值建构。遗憾的是，后者至今仍为包括民俗学者在内的众多学人所轻忽。

四、以学者与村民合作的民俗志书写方式，推进当代村落研究

近年来学界劲吹"田野风"，进入村落成为时尚。特别是有老建筑遗存的古村，学人更是纷至沓来。热衷于进村者，并非都出于对村落价值的珍视与对村落发展的关怀，但对村落的影响却是强大而持续的。在这一切的背后，是国家战略聚焦乡村，社会资本涌入乡村，乡村成为当代社会的"宝地"。

历史告诉我们，乡村社会的良好发展是国家长治久安的基础。不过，在此时此刻，如下追问也许并非多余：我们真正了解我们匆遽进入的乡村吗？我们所理解的、要保护的乡村文化生态是自然真实且可持续的吗？我们的意愿也是生于斯长于斯的众多父老乡亲的愿望吗？这方水土会因我们的进入而更加美好吗？须知，在"现代化发展"这一庞然大物面前，乡村自然与人文生态系统是何等脆弱，而乡村所积淀的传统智慧对于人类未来发展则弥足珍贵，任何人、任何力量都无权损之毁之。广阔的农村天地首先需要被准确认知，然后才有可能"大有作为"。面对村落，如何才能更好地认知、更深入地理解与更准确地描述呢？

就本套丛书的众多作者而论，虽然早先在博士、硕士学位论文的写作过程中，已对村落有相当了解，但受到学位论文写作时间的限制与研究能力的制约，其村落民俗志描述少有村民的内部视角。我们期望在这套丛书的写作中，通过学者与村民的深度合作，尽量多地呈现二者的不同视角，尽

① [美]克拉克(Samuel Clark)：《历史人类学、历史社会学与近代欧洲的形成》，贾士蘅译，载[加]玛丽莲·西佛曼、P. H. 格里福编：《走进历史田野——历史人类学的爱尔兰史个案研究》，(台北)麦田出版股份有限公司1999年版，第386页。

量多地留存鲜活的乡土气息。

1. 对于村民的内部知识，不妄加评论，而采用现象描述的方式，呈现真实的民众心态。

初入田野者，最常见的毛病便是盲从自己的知识“先见”，乍见村落种种现象，就匆匆忙忙做类型区分和价值判断。比如，对于村民信仰活动，或要评判是否迷信，或要区分是道教还是佛教。这样的知识“先见”，其实是基于对中国社会的肤浅理解。看似荒诞不经的言行，往往背后蕴含着民众的真实心态，是解读村落心史的难得资料。本套丛书中《胡集村》一书的作者王加华，曾携初稿进村交流。村民以当地说书前惯用的几段开场白[①]为证据，坚持认为本村起源于春秋时期，已有 2000 多年历史。这一说法无疑是非历史的，却正反映了村民希望将本村历史拉长与神圣化的真实心态。作者最终定稿时，对此就没有予以简单地抹杀或揶揄，而是在列举地方志书中的“明初立村说”之后，呈现村民的“春秋立村说”及其依据，同时保留村民的其他说法，这无疑是确当的。

当然，在学者与村民的交流中，也会有村民揣摩学者意图而对村落内部知识加以改装，往学者这边贴靠。这既与现实生活中学者话语的强势地位有关，也表现出村民对外来话语（包括学者）的利用心态，后者尤其值得注意。一些有见识的村民，一旦察觉到学者话语有助于所在村落的“增值”，往往就会抛弃己见，欣然赞同学者的说法，甚至热心地帮助寻找证据。虽然这也是村落知识增长的一种方式，但目前却还处于不稳定状态，需要将之与村落中比较稳定的知识范畴相比照，否则，我们对村落的理解就不免浮光掠影。

2. 丛书最后特设专章“村里的人　村里的事”，附录“重要民俗资料提供者简介”与村民所用文献，以凸显村民的主体叙事视角。

“村里的人　村里的事”专章的设计，意在以词条单列的方式，突破传统村落民俗志书写的静态幻象，在以事带人的生动描述中展现村落中的特

① 胡集书会汇聚南北说书人，常用的开场白有：“道德三皇五帝，功名夏后商周，五霸七雄闹春秋，顷刻兴亡过手。”“孔夫子周游列国，子路沿门教化。柳敬亭舌战群贼，苏季子说合天下。周姬佗传流后世，古今学演教化。”“扇子一把抡枪刺棒，周庄王指点于侠。三臣五亮共一家，万朵桃花一树生下。何必左携右搭。”

色文化。要想做到这一点并不容易。如张士闪和张帅在完成《洼子村》一书初稿后，曾专门回村细读给7位老人听，在热烈的讨论交流中，重新审视或矫正书中的原有观点。有村民尖锐地提出，原书稿过于突出巫婆神汉、善人及其信仰活动[①]，应该为本村烈士、支前英雄“树碑立传”，突出“教师村”的形象，并提供了相关资料。我们据此进行调整，新增“教师村”“红色记忆”两个词条，与原有的“公事总理”“礼仪人家”“善人”等并置相映，就明显合理多了。这一修改书稿的过程，其实是学者与村民的两种叙事风格的并置与互动的过程，由此形成的村落民俗志自然会较前丰厚许多。

重要的民俗资料提供者，通常属于村民心目中“会看事”“会办事”“会说话”的人，经常代表村民向外人表述“村落文化”，其话语当然也会经过其自身的选择、加工而具有个人色彩。我们需要进一步观察，大多数村民会认同他作为村落文化代言人的角色吗？不善于对外人表述的大多数村民，如何评价他的话语？学者的到访，是促成了村民对其话语的接受还是相反？这些都需要格外留心。书后所附“重要民俗资料提供者简介”，意在呈现其个人基本信息，供读者进一步了解与思考。

书后所附的村民文献，与学者所撰写的正文文本形成有趣对比。学者与村民之间，注意点不同，知识储备、思想局限有别，而对村民村事的价值预设也差异明显。比如，围绕同一个村落的民俗志表达，学者所感兴趣的是如何呈现其所理解的“村落”，往往是看了地方志、地图、家谱、碑记等以后，再去跟村民交流，有时候还会事先阅读相关论著。当今学者还会特别看重祠堂、庙宇、信仰仪式、巫婆神汉等，认为这代表了地方文化生态的完整性。对于村民而言，村落则是他们身在其中、终身归属的“家园”。曾记得在2002年，洼子村的几位村落精英接受村委会布置的一项任务，要向外来民俗专家介绍村落文化，他们将之分解成“村志”“民俗概况”“文化教育概览”三部分，分别撰文描述。显然，他们将“村落文化”理解为历史、民俗与“高层”文化（并视为本村的特色文化）等三大层面，这一分类颇有见地，对于我们今天理解村落及民众心态仍具启发性。

长久以来，中国乡村社会经过反复的礼俗教化，形成了基于农耕经济

① 张笃杰：“看了这书，外人还以为洼子村就知道整天烧香拜佛呢！”张笃杰，山东省淄博市淄川区罗村镇洼子村人，长期担任中小学教师、校长，现退休在家。

的社区共享传统，它以乡村公共利益的高度共享来实现乡土社会秩序的长期稳定，以社区节庆、生活礼仪、生产互助、乡规民约、信仰仪式等民俗传统为传承载体，构建起中华文明绵延不断的社会基础，也是支撑当代中国乡村可持续发展的重要文化资源。当代学者应服务当下中国社会发展的现实需求，扎根村落，深入传统，以此为基础提炼研究方法与理论，建构田野研究的中国话语。我们这套丛书愿意在这一学术方向上进行尝试，抛砖引玉。

最后还要说明的是，这套丛书写作时间正值暑期，尽管各位作者都有博士、硕士学位论文的研究基础，但因丛书定位所强调的视角转换，需要大量的补充调查，有的干脆是返工重做。今夏大热，感谢各位作者不避酷暑，按时完成撰写任务。因时间匆遽，本套丛书不尽如人意之处，敬请读者诸君批评指正。

张士闪

2017年8月31日

前言

正如当代中国千千万万个村庄一样，位于鲁中山区的南下冶也经历了深刻的变化。过去几十年，无论是经济模式、生计方式，还是社会结构、村落文化，南下冶虽早已脱离了传统的农业社会，但又没有完全城镇化，而是处于一种新中有旧、旧中有新的混合状态。

村民们对此早已见怪不怪。他们大部分时间在工厂打工，但也得抽空在自家地里种点什么；他们自己种粮食，可是吃的、用的甚至喝的水都是买来的；他们留恋村里的老宅子，可是也在积极地等着住楼房；他们明明说不信怪力乱神，可是逢年过节还得烧纸；他们喜欢抬杠、讲笑话，可是又觉得人应该更文明；他们留恋过去，可是更期待明天。人们在种种矛盾中生活，可是他们并没觉出矛盾，他们过得游刃有余。

学者眼中的乡村文化和村民对自己文化的理解往往有很大差异。我们怀着保存文化的使命感进入乡村，试图去发掘渐渐被忘却的“传统文化”，却发现那只不过是我们的一厢情愿。我们定义了“传统文化”，然后按图索骥去寻找符合定义的东西，结果找到的东西必然是千篇一律，方法如此，这个结局从一开始就被注定。因为执念太深，我们总是看到我们愿意看到的，总是听到我们愿意听到的。回过头来，我们发现，虽然身在田野，可是我们对田野了解多少呢？我们真正在乎的是“传统文化”，还是人们的真实生活呢？

这本小书是基于我们在南下冶的四次田野调查经历而写成的，前后跨度八年。南下冶的快速现代化给了我们很大触动，乡村文化的混合性和不确定性，也给了我们很多思考。我们在书中尽量运用获得的各种资料尤其

是口述资料，但正如读者看到的，它不是乡村文化的全方位记录，而是偏重于某些民俗事象的零散记录。我们在处理资料的时候，一方面尽量客观地概括，综合各种资料得出自己的判断；另一方面也尽量引用村民自己的原话，这些话语可能有强烈的主观性，也可能相互矛盾，但这种不确定性不正是田野的真实状态吗？尽管有各种缺憾和不满意，但我们珍视这次实践，至少，在探索乡村文化变迁方面，它提供了一个可供比较的个案。

韩朝建

2017 年 9 月

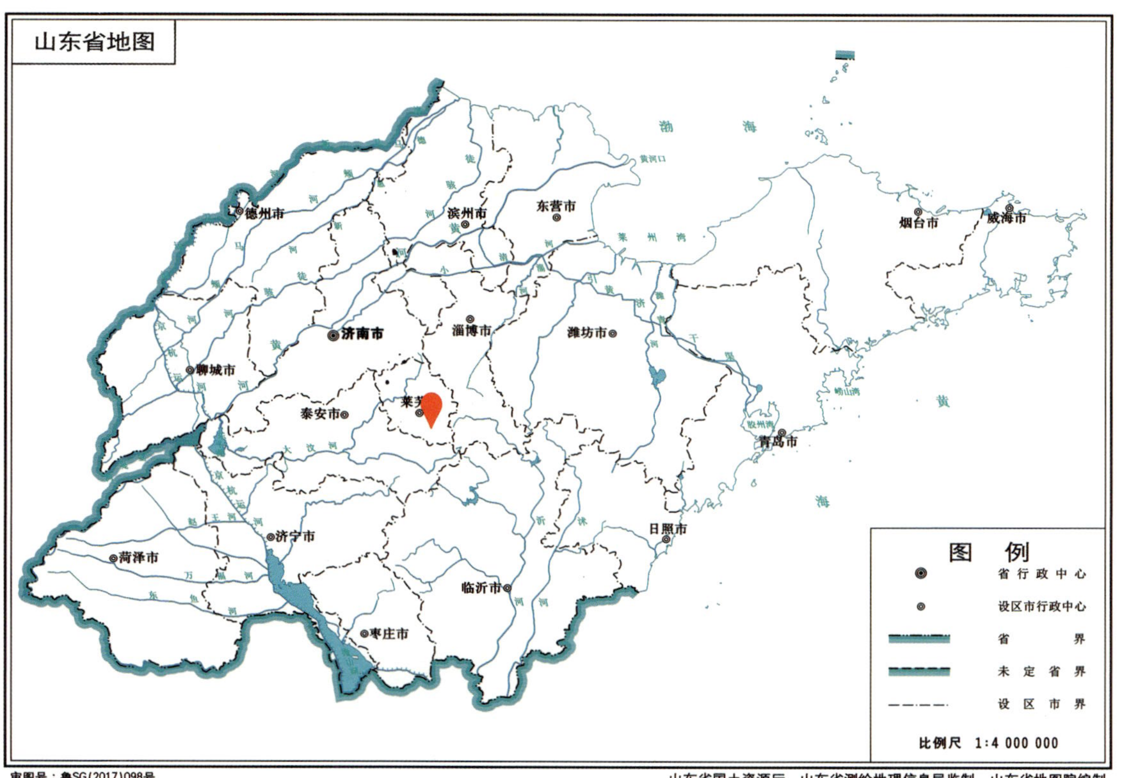

南下冶村地理位置示意图

目录

第一章 来　历

一、地　名

山东省莱芜市颜庄镇南下冶村，地处鲁中山区，汶河西南岸。该村位于莱芜东南 12 公里、颜庄镇政府驻地西北 1 公里处，南接西沟、马官庄村，北连黄花店村，205 国道和 803 省道从东南绕村而过，交通十分便利。民国《莱芜县志》将南下冶列在全县 42 保之一的“黄山保”之下。县志称，42 保划分依据的是明清旧制，但由于“保”兼具赋役征收职能，不能完全废除，所以仍作为旧式行政区划延续下来。而当时正式的行政编制是全县划为 10 区，南下冶被划在颜庄区之下。[①] 1958 年以后，颜庄区演变成颜庄公社，即后来的颜庄镇。[②]

现在的南下冶村落范围不断扩大，村落由四片相连的居民区构成。第一部分是旧村子，包括闫家岭、狄家洼、吕家胡同、张家街、闫家街、赶牛路等街道。在这个范围内，闫、狄、吕、张各姓人口大致按姓氏划片居住。与地势较高的金牛岭片区相比，村民往往将这部分称作“下村”“下庄”“下面”。第二部分是旧村西南的金牛岭。中华人民共和国成立后，由于人口迅速增加，旧

① 参见民国《莱芜县志》卷六《地理志·编里四》，1922 年铅印本。
② 参见张兆清主编：《十卷书·村庄》第 9 卷，新华出版社 2003 年版，第 25 页。

村宅基地无法满足村民分家建房的需要;同时建厂、修路等公共事业又占去了大片肥沃土地,导致人地矛盾凸显。因此,1972 年,村里为了综合利用土地资源,节约适于耕作的洼地,动员一部分居民搬到了西南一带土地稍差的金牛岭上建房居住。此后,大家庭中析分出的小家庭都在岭上划地建房了。金牛岭的宅基地是村里统一划分的,各姓氏不可避免地混居在一起,这就打破了聚族而居的格局。由于地势较高,金牛岭有时也被人们叫作"上村""上庄""上面"。第三部分是下村西北的王姓居住地,与下村距离稍远,人数较少,近年来村民陆续迁往楼上居住,这里也没有多少户人家了。第四部分是村子南部近年来新建的现代化居民小区。村里与莱芜市的开发商合作,以相对低廉的价格向村民提供楼房,现在有一半的村民已经迁到新小区去了。

南下冶历来交通便利。据《十卷书·村庄》一书记载,在清朝嘉庆年间,就有从莱芜至新泰的驿路,这条路也叫"官道",位于下村南边,斜着穿过颜庄镇,直通莱城,是莱芜、新泰间的交通要道。日本在侵华期间占领过这条路,八路军武工队曾与日军展开多次争夺。金牛岭上 80 多岁的居民吕发亭还清晰地记得,沿着官道往西走,在今天砖厂的位置有一个用大石板铺成的崖头,叫下冶坝子。以前人们用木轮车通过下冶坝子的时候,需要三个人才能将车推上去,一人推,两人拉,甚是辛苦。后来修了 205 国道,这条官道才逐渐被废弃不用。①

顺着官道是一条河,村民称"南沟",河上曾有官府修建的南桥。南桥是一座三孔桥,高 5 米,由巨石砌成,因桥面能并行两辆车,故又名"双车桥"。南桥出现的年代已无从考证,但既然是古代驿路之桥,最迟应该在清代就已存在。抗日战争时期,日本人曾重修过这座桥。村民张克永说,"村南边的那个桥是日本人修的,他们修桥,是因为原先的大路在河那边";还说自己 10 多岁的时候,曾经和大人们一起被日本人叫去修路。② 桥下水流湍急,1984 年该桥被山洪冲毁,仅存遗址。1987 年,村东面新建了一座水泥桥。村民之所以对南桥印象深刻,是因为这里是南下冶的重要地标。以前,石桥北边有一棵大槐树,是村民下棋、聊天之处;现在那里有一个村里人共用的碾子,仍有村民使用,且这里是十字路口,经常有村民在附近闲聊。

---

① 吕发亭,男,南下冶村人。访谈时间:2017 年 4 月 19 日。
② 张克永,男,南下冶村人。访谈时间:2017 年 4 月 19 日。

近代，南下冶村治安混乱，常有土匪出没。村民回忆说，过去土匪常来村里绑票。为免遭匪患，清朝咸丰年间，村民合修了围子墙以自卫，但是围子墙一直没有修建完成，村里也没有防御组织。闫奉信、张克永等老人回忆说："那个红枪会的时候啊，就是打土匪啊。……黄花店有围子，颜庄有围子，澜头也有围子。孙家庄那里在山顶上有个韭菜崮，土匪攻不进去啊！听有年纪的人说，咱庄这个围子没搭起来，有一个豁子，叫南豁哒子。"[①]这个没有建成的围子墙在 20 世纪 70 年代尚有数处遗迹，现已不复存在。

南沟及碾子

"南下冶"这个地方与村民的关系就像水、空气与人的关系一样，是天然的、不言自明的，不必费心去思考它的来历。因此，对于村落何时出现、何以得名这样的问题，很少有人能够回答出来。不过，他们通常会笃定地补充说："村碑上都有啊。"在村民心目中代表权威的这块村碑，位于村东口 205 国道边，是 1989 年在市地名办监制下，由村委会树立的村名碑。它的正面是"南下冶"三个大字，背面是村落来历：

① 闫奉信、张克永，男，南下冶村人。访谈时间：2009 年 9 月 2 日。

南下冶，元朝文宗年间张、狄、吕三姓，由河北省迁此建村，原名“张家泉”，因址在汶河南岸，北岸有古冶铅炉遗址，改称“南下冶”。

南下冶村民委员会立

莱芜市地名办公室监制

村民普遍认可以前的确存在冶炼遗址，可是对于具体是什么金属冶炼这一问题则存在不同意见。南下冶村委会认为是铅冶，且具体指出发生时间为元朝文宗年间，这个回答应该是经过一番考证得出的。但问题是，考证者依据什么资料判断是铅冶呢？笔者访谈的村民，没有一个人认为是铅冶。在其他答案中，铁冶看似是比较靠谱的一个答案。例如，村民刘成总说，现在村北砖厂的地方就是铁冶遗址，并称自己几十年前还曾经见过土都被烧成红色的样子。① 这个说法在 1914 年纂修的《闫氏族谱》中得到了印证：“村北有古铁冶遗迹，是前人取以名我村者。”但是，由于刘成总与《闫氏族谱》的持有人关系密切，他可能看过族谱，其关于铁冶的说法也许受到族谱的影响。当我们询问其他一些村民本地有没有铁矿的时候，村民都明确说没有，并补充说当年大炼钢铁时用的不是铁矿石，而是用铁锅子、铁盆子等，以此证明本村没有铁矿。

幸运的是，我们在金牛岭访问到退休教师吕发亭，他称村碑是自己根据对本村老人的访谈“亲手写的”。他说：

> 你看看村碑就知道了。为什么叫南下冶？这河北还有一个北下冶。那是因为这村有一片石林，完全是石头做的。据说是元朝的我也记不清了。我亲手写的，因为我访问过那些老人。那时候这边有个铜矿，北下冶那边有个铁矿，冶炼嘛，因此叫北下冶、南下冶，这两个名字是这么来的。②

这段话表明吕老师通过访谈知道村北“有一片石林”，但石林究竟是何种类的矿石呢？吕老师先是将铜矿、铁矿并列，认为北下冶是铁矿，南下冶这边是铜矿，所以南下冶的“冶”指的是“铜冶”，但他之后很快又怀疑为“铝冶”，尽管他也承认村里明明没有铝矿，为何又出现铝冶的说法呢？考虑到他是碑文的当事人，说话较有可信度，而且“铝”和“铅”字形本来相近，因此

---

① 刘成总，男，南下冶村人。访谈时间：2009 年 9 月 2 日。

② 吕发亭，男，南下冶村人。访谈时间：2017 年 4 月 19 日。

一个合理的推测是：也许村委刻碑的时候，误将他手写的“铝冶”刻成了“铅冶”。

总之，村民都认可冶炼的历史是村名得名的缘由，但“冶”有铁冶、铜冶、铝冶等几种说法。这些说法有的来自记忆中的红土、石林或大炼钢铁时的亲身体验，有的来自向老人询问，有的则来自家谱的记述。然后其中一种见解被村委会、地名办采纳并刻字成碑，便成了权威的答案。但是，碑文之所以权威是因为它是政府所立之碑，并不是因为村民知道它的内容，更遑论接受它的说法。

南下冶村碑及碑阴

这块村碑还指出，该村还有更早的名字叫“张家泉”。这眼泉水在莱芜颇有名气。民国《莱芜县志》载：“张家湾泉，在城东南二十五里，入牟汶。”① 牟汶就是汶水，张家湾泉就是张家泉。当年起草碑文的吕发亭说，原来泉眼边还有一块古地名碑，写着“张家湾泉”几个大字。与村名来历的情形一样，关于张家泉的来历同样众说纷纭。其中，记载莱芜各村庄历史的新编志书

① 民国《莱芜县志》卷三《地理志·水八》，1922 年铅印本。

《十卷书·村庄》对张家泉是这么介绍的：

> 南下冶村西、南、东三面环水，由村东南土地庙处开始，顺水蜿蜒至汶河一段河，是一条叫张家泉的河流，其绕村几近半圈。听老年人传说，从前的张家泉，两岸绿树浓荫，泉水甚旺，常年喷涌。遇上旱年，汶河干涸，官府则组织汶河下游村民，来南下冶村张家泉清淤挖河道，扩大水量，灌入汶河，汶河下游沿岸才能引水浇灌庄稼。①

看来张家泉以前水流畅旺，是重要的灌溉水源。正如引文所言的那样，老年人对此都记忆深刻，这一点也的确得到了印证，甚至我们在路上碰到的一位干农活的老太太，也能准确指出当年张家泉的位置。但是，最迟大概 20 世纪上半叶，填淤造地的情形已经颇为严重。民国《莱芜县志》记载说："居民乃时时填淤，以与泉争尺寸之地，于是莱之泉将尽湮矣！"②可见当时泉水淤积已经严重，张家泉也未能幸免。20 世纪 20 年代出生的村民张景春说："以前那个泉，清得很，现在泉眼都淤住了。你要是把它挖开啊，它还是有水。"③20 世纪 50 年代出生的刘成总告诉我们："这一片儿全部都是流沙水，净是些泉子。我小的时候泉水很深，里面鱼很多。那个时候去捞鱼，鲤鱼、鲫鱼都很多。后来旱了，加上莱钢水泥厂的建造，泉水就都让淤泥给淤上了。"④考虑到访谈者的年龄，我们可推知，尽管填淤造地的情形存在已久，但中华人民共和国成立后很多年这里的水量还是挺大，直至 1980 年前后水泥厂的出现，加上气候干旱等原因，泉水才最终被淤上的。

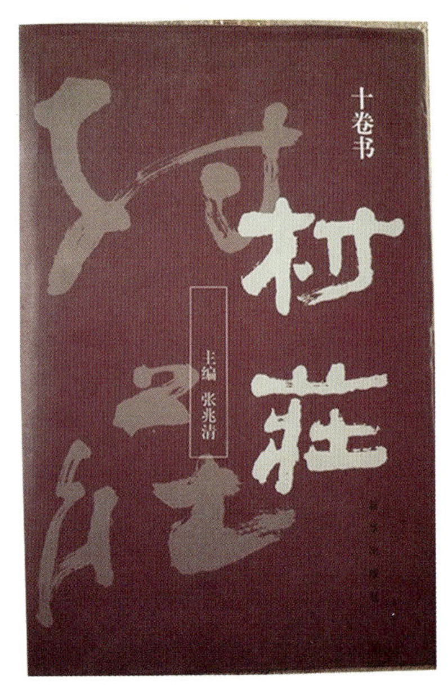

《十卷书·村庄》的封面

① 张兆清主编：《十卷书·村庄》第 9 卷，第 25 页。
② 民国《莱芜县志》卷三《地理志·水七》，1922 年铅印本。
③ 张景春，男，南下冶村人。访谈时间：2010 年 1 月 29 日。
④ 刘成总，男，南下冶村人。访谈时间：2009 年 9 月 2 日。

张家泉是否因村里的张姓村民而得名呢？以前泉水流经的地方多是张姓村民的水浇地，因此该泉水属于张姓应该是没有疑问的。但是，无论是村碑还是《十卷书》，可能是因为资料不确定或有某种顾虑，二者似乎并不太愿意明确将张家泉与张家联系起来。那么张姓村民是怎么看的呢？张景春老人跟我们说："我们是从河北迁来的，那个村碑上都有啊。这个庄原来叫张家泉，以前那个泉还有一个小碑。"也就是说，村碑上所讲的张姓就是现今的张姓，受访者还自豪地引用其曾祖父的话，说那个时候张家每家都有 30 大亩地，合现在的 120 小亩。[①] 显然，张景春老人的历史记忆受到碑刻、长辈口述的影响。

正如村碑告诉我们的，南下冶村是个多姓村。全村现有人家 500 余户、1600 多人。根据刘成总的介绍，现在全村有 15 个姓氏，其中闫、吕、张、王、刘五姓人口较多。姓氏之间有明显的界线，他们各有自己的生活空间。大体来说，闫家住在村里的西部，吕家住在村北部，张家在东部，刘家在闫家和张家之间，王家在西北角上。五姓之中，闫、吕二姓人口尤多，其中闫姓占了全村人口的 40%。狄家住在原村委会东南方向，人数不多了，只有三四十户，不算大姓。[②]

哪个姓氏的祖先来得最早？据村碑说，张、狄、吕三姓来得最早，而这三姓又是谁先谁后呢？村碑认为张姓来得最早，可能是受到"张家泉"这一既有地名的暗示。对此，闫振芷认为，如果"张家泉"是村名，则当立于交通便利的公共地点，不可能立于泉边。据称，村里有些上了年纪的人并不认同村碑所记。[③] 根据村碑作者吕发亭老师回忆，自己小时候见过"张家湾"的碑，有齐腰高，但他很快发觉这一说法有问题，于是更正说，碑上不叫"张家湾"，而是叫"狄家湾"，因为"这村建村时，狄家是第一家"。[④] 可见，人们对历史的"记忆"容易受到各种现实因素包括歌谣的制约，并因此进行自我调整，以显得更具合理性。

人们关于姓氏先来后到的认知，除了受到既有地名等现实因素的制

① 张景春，男，南下冶村人。访谈时间：2010 年 1 月 29 日。
② 刘成总，男，南下冶村人。访谈时间：2009 年 9 月 2 日。
③ 闫振芷：《南下冶村建村姓氏考》，2007 年手稿，未发表。
④ 吕发亭，男，南下冶村人。访谈时间：2017 年 4 月 19 日。

约，很大程度上受到村中一首民谣的影响。这首民谣是："闫家岭，狄家洼，吕家来了第三家，谁知张家来得晚，占了东南树疙瘩。"根据退休教师闫振芷的说法，闫姓祖先来到这里的时候，周围还是水洼之地，于是他们居住在西边的岭地上，即所谓的"闫家岭"。狄姓家族继闫家之后来到此地，到来以后水已经退下去，他们就选择在东南一带的洼地里安家落户，是所谓的"狄家洼"。第三家是吕家，占据了村北的位置。第四家张家人没什么可选择的，只能偏居东南一隅。随着狄家的败落，人丁兴旺的张姓族人渐渐填补进去，于是张家和狄家就混居在村子的东南角，现在称为"张家街"，是他们日常活动的主要范围。①

这首歌谣反映的是真实的历史吗？其实南下冶村民自己也很疑惑。根据歌谣的描述及闫振芷老师的解释，来此定居的姓氏先后顺序应该是闫、狄、吕、张。问题是，除了闫姓自己，其他姓氏都不认为闫姓来得最早，甚至村干部吕安亭还把歌谣的第一句"闫家岭"说成"赵家岭"，可见闫氏来得最早并不是公认的结论。如果闫家不是最早定居的，那可能是哪个姓呢？在剩下的狄、吕、张中，又因为"吕家来了第三家"的说法，所以吕氏被排除，从而只剩下狄、张"争夺"第一了。张姓的优势在于那块"张家泉"的古碑，劣势在于歌谣所唱"谁知张家来得晚"。综合碑刻、歌谣，笔者认为：既然歌谣唱说"狄家洼"，也就是说狄家是最先占住水地的，狄家衰败后，张家兴起，所以才有"张家泉"的地名。至于闫、狄哪个姓氏最先定居，则众说纷纭，没有定论。因为它取决于村民如何协调歌谣、故事、自身经历、姓氏格局等各方面传递出的"历史信息"，从而得出可以理解的、连贯的"历史认识"。

南下冶村的地名并非简单地等同于地理名称，它还是一种村落文化。它承载了丰富的历史记忆与社会信息，是村民日常知识的一部分。村民讲出来的地名故事是他自己理解的、对他有意义的故事，因而不可避免地带有相当浓厚的个人色彩。在这种情况下，调查者固然需要分析各种资料作出自己的判断，但也需要倾听不同的声音，因此理解日常生活中的地名文化，同样意义匪浅。

---

① 闫振芷，男，南下冶村人。访谈时间：2017年4月18日。

二、金牛岭

金牛岭在旧村的西南方向，属于丘陵地带，村民通常将那里称作“老牛岭”“卧牛岭”“金牛岭”，或按地形高低称为“上面”，以对应原来的村落即“下面”。在村民的记忆中，这个岭并不特别对应着任何姓氏。村里传说的“闫家岭，狄家洼”的歌谣，其中的“岭”可能指这里，毕竟闫家聚居的地方最接近这里。不过在村民记忆中，近代岭上不仅不是闫姓的居住地，甚至根本就没有住人，也没有任何建筑的遗迹，只有瘠薄的乱石地，只能种些杂粮。对此，村民刘成总的解释是：“闫家可能最早住在岭上，以后又搬下来了。”①现在金牛岭作为南下冶重要的居民区，是 1972 年之后逐渐形成的。退休职工张克淦介绍说：“从 20 世纪 70 年代人们一直往岭上搬，有的人家孩子大了，没地方住了，就让大队从岭上划地盖房子。那时候，只允许占丘陵地，底下的洼地上面根本就不批。”②由此，大量年轻人逐渐迁居到岭上，留在下村的多是老年人。近年来，老年人搬到上面与儿女同住的也不少，岭上居民区的规模与下村差不多了。

金牛岭得名于一头石牛。石牛这片地方位于金牛岭的村中心，现在成了一个小广场，是居民打牌、聊天的去处。我们从金牛岭南面大路进村，正对面是一头近年新塑的水泥奔牛，一人多高，充满活力。在它后方的一块洼地中，是一大片形态各异的岩石，其中最大的一块形状似卧牛，石头中间有个洞，据说是牛的心脏被掏后留下的痕迹。周围那些小石头，据说是小牛。大概是平整土地的原因，现在这片洼地被垫高了不少，使得石牛看起来只有半人高，但实际上接近一个成人的高度。关于石牛的来历，早先有一个传说。这个传说产生的确切年代无考，但据退休教师吕发亭介绍，他小时候就听说了这个故事，据此这传说至少有 100 多年的历史。

南下冶的神牛故事有两大部分。第一个即神牛的出现。下面是村民刘成总讲述的故事：

这个村子里有一个石牛，这个石牛也是头神牛。那时候，这个村

① 刘成总，男，南下冶村人。访谈时间：2010 年 3 月 14 日。
② 张克淦，男，南下冶村人。访谈时间：2010 年 3 月 14 日。

子一共有99头牛，各家养牛户就共同雇了一个放牛娃。他每次把牛赶出去的时候都是99头牛，沿着村里的赶牛路到了金牛岭，再往南走上莲花山，到了那里他怎么数，都是100头。下来这个岭以后，谁家的牛到谁家去，一头也不少，这时候牛的数量又变成了99头。他感觉很奇怪，后来就在牛角上系上红绳子，那个没有系红绳的就是多出来的那一头。人们认为那一头牛比较有灵性，是头神牛。有时候这头神牛还会挑栏门，那个时候没有表，放牛的如果起晚了，放牛的时间到了，神牛就会赶快去开栏门，一下子就把栏门挑开，不到半个钟头就把牛全部放出来了。牛吃饱了，或者干活累了，想回来吃草了，它还能把牛给赶进去。

原来的石牛

其他人讲的故事版本大同小异。例如若干村民说99头牛都是村里某个大户养的，不是各户散养的；再如放牛地点是金牛岭，而不是莲花山。除此之外，很少有人提到神牛扛栏门一类的神奇事迹。无论如何，这部分情节的重点是99头牛到100头牛的变化。

神牛的故事逐渐传播开来，从而引起外人的觊觎。几乎所有的口述版本都将这一外人界定为“南蛮子”，即南方人。他们打听到神牛的秘密，就想办法把神牛的心脏偷走。现在这头石牛身上还有一个洞，据说就是南蛮子挖牛心的地方。自从神牛的心被南蛮子挖去以后，神牛就再也不来了。当然，村民讲出来的故事也有若干版本。村民张克永也说过南蛮子的故事，但认为南蛮子从金牛岭那个石头里掏去了四个金火烧，因此这里的风水被破了。为什么是南蛮子呢？张克永等人的答案是：“南蛮子比较能啊，头脑好使。”①另外，居住在石牛附近的退休女教师张菊美拿不准盗宝的是南蛮子还是日本人。她说：“用仪器照啊。那种人能啊，哪里有宝贝，一照就照着啦。”②无论是南蛮子还是日本人，其根据主要还是归因于南蛮子或日本人的“能”。“能”这个字眼是聪明、有本事的意思，但又往往有狡猾、不可靠的意味。

钢城文史· ·民间传说

金牛岭的传说

闫振芷 李传文

在颜庄镇南下冶村西南，有块岭地叫金牛岭，村里一直流传着一段关于“金牛”的故事，颇具传奇色彩。

金牛石

历史上的南下冶村，土地肥沃，山场广阔，村里百姓养牛的比较多，平均每两户人家就有一头牛。据说，古时南下冶村共养了 99 头牛，养牛户合资雇佣一牧童为全村牧牛，现在村里的西大街古时称为赶牛路。每天清晨，牧童把各家的牛攒集到赶牛路上，汇齐了，就赶到南岭上放牧，渴了就把牛撵到泉边饮水，天天如此，从未有变。这牧童极认真，清晨，当把牛赶到赶牛路上时，亲自数一遍，赶到牧场再数一遍，看看是否路上走散了。如果给雇主家丢失一头牛，那是数年工钱也赔不起的。

有一年夏天，天气闷热，午后，天上的浓云成堆的拥上来，霎时天阴得象鏊子底一般。牧童赶紧把牛拢在一起，把训练好的老牛围在外边。不一会，半空里一溜电光闪耀，紧接着一个炸雷，象把天震裂了一样，雨水从天上倾盆倒下来一般，天莽莽，水哗哗，耳朵里只有刷刷的下雨声。牧童藏在老牛肚下，借着牛的体温保暖，还冻得咯咯打颤。过一会儿，雨渐渐停了，牧童从牛肚下出来，牛群安然无恙，可是查数时发现牛成了 100 头，牧童以为是数错了，没在意。第二天，在村赶牛路上数是 99 头，到了牧场再数又是 100 头，昨天大雨后，可能一时数不清，今天怎么又是 100 头呢？连数三遍都是 100 头，他很纳闷。下午到家后，各家领完自家牛后，

182 183

闫振芷、李传文合撰的《金牛岭的传说》一文

① 张克永，男，南下冶村人。访谈时间：2010 年 1 月 29 日。
② 张菊美，女，南下冶村人。访谈时间：2017 年 4 月 19 日。

在民间传说的基础上，本村退休教师闫振芷与镇上干部李传文合撰了《金牛岭的传说》一文。该文情节较为完整，逻辑清晰。与口述传统相比，它加入了口述中没有的细节：一为金牛的出处。金牛是在一个夏天大雨时出现的，当时“半空里一溜电光闪耀，紧接着一个炸雷，像把天裂了一样”。这实际暗指牛来自天上。二为群众的智慧。当牧童发现牛多了一头时，向庄长说出了自己的疑问，最后是几个老人想出个办法，要各家给自己家的牛系上红绫子。这暗指神牛是村里公认的。三为南蛮子勾结住在本村但违背本村利益的“外乡人”。文章中写道：

> 这件事被金二知道了，这个叫金二的是一个流落到南下冶的外乡人，在南下冶居住已是快廿余年了，此人无家无业。南下冶村人自古以来淳厚善良，可怜他是个外乡人，常周济些粮食给他，也送给他一些旧衣服，有时也让他干点简单的农活，供他吃顿饭，可他总是不务正业。他听说村里拾了一头牛后，也思量过盗牛的想法，但他终未敢动，思来想去，苦无良策。时候一长被到北方来寻宝的外地人南蛮子知道了，他们知道这是一头金牛，这牛的心肝都是金子，他们打算盗走。他们认为若真能盗取金牛，只有请当地人插手做内线，就找到金二，许给金二许多好处，金二就真心实意地帮外地人南蛮子盗牛。当晚上去岭上牵金牛时，金牛就是不走，凶狠贪婪的盗贼南蛮子决心杀死金牛，盗取金心金肝。他们让金二亲执牛耳，然后南蛮子照准牛腹，一刀下去，鲜血崩流，伸手掏出了金牛的心肝，扬长而去。许给金二的诸多好处也没了踪影，金二懊悔羞愧，又被村民唾骂，不久郁郁而死。金牛在被杀的时候，就地坐卧，不肯倒下，昂头怒视着盗贼南蛮子远去的方向。年长日久，化为一尊卧牛一样的石头。从此，南下冶村南岭就更名为金牛岭。①

金牛岭的故事当然有其真实的社会背景。闫振芷在文中介绍，“历史上的南下冶村，土地肥沃，山场广阔，村里百姓养牛的比较多，平均每两户人家就有一头牛”。“现在村里的西大街古时称为‘赶牛路’。每天清晨，牧童把各家的牛攒集到赶牛路上，汇齐了，就赶到南岭上放牧，渴了就把牛撵

① 闫振芷、李传文：《金牛岭的传说》，政协莱芜市钢城区委员会编：《钢城文史》第4辑，2008年，第184～185页。

到泉边喝水。"可见，村里以前的确有养牛的生计方式。村里的老人都知道，农历六月初六放牛、放羊的人要敬山神爷爷。放牛的地方是金牛岭或更靠南的莲花山。至于牛的用途，主要是为了耕地，耕地被称为"上犋"，可见以前牲口的重要性。

石牛小广场上聊天、打牌的人们

这个故事还反映了村民看待外来人的一种心态。南下冶村的地理位置、经济特点使得本村人经常接触到外面的人，对外部信息及陌生人较为敏感。我们在田野工作过程中，曾经有村干部善意提醒说，最近村里常来小偷，村民警惕性高，"你们就说是编故事的，在街上聊聊，别到家里，他们会以为你们是为偷东西来踩点儿的"。另外，有一次我们在居民屋内访谈的时候，一度被受访者的女儿怀疑，因为她看了电视上的那些骗子欺骗老人的报道。金牛的故事中作案的两个人都是外地人，"南蛮子"代表着精明的外地人，而金二则代表着落魄的外地人。金二的来历大概也反映了旧时村里的外地人的处境：他们往往孤身一人，出身不详，没有家庭，缺乏产业，是典型的边缘人群；在村民看来，虽然自己对他们很厚道，可是他们不务正业，老想着偷窃，损害村民利益；加之他们了解村里的秘密，所以与外地人

勾结破坏了本村的风水。这是个常见的内部出叛徒、破坏本地的风水的故事，故事通过批判社会中的边缘群体和外来的陌生人，达到主流社会构建和维系身份认同的目的。

石牛的故事在大部分本村人看来，只是一个有关村名的传说，他们乐意向慕名而来的访客介绍。但在一部分居民甚至别村居民那里，这个传说无疑增加了石牛的神圣性，于是开始祭拜石牛。吕发亭介绍说："就这石牛吧，有一些人是来参观，还有一些人是来祭奠老牛的呢！"于是我们有了下面的一段对话：

问：哪个地方啊，哪个地方的人来祭奠老牛的？

答：这周围邻村的。

问：邻村的啊。那这老牛是有什么灵性吗，会显灵吗？

答：他就信这个怎么办。你们这是啥目的？

问：我们不是听说这个金牛岭的传说过来看看嘛，就是这个意思。

答：金牛岭，还有来拜的哩。有的来求子，有的来驱病。我看见过。

问：驱病？

答：哎，人有病，来驱驱它。在这儿烧吧。

问：外村的？本村的在不在这烧啊，南下冶有没有人在这儿烧纸？

答：烧，也烧纸。都在这个位置啊，那个老牛（指原来的石牛那儿）。

问：拜的是这一个（指原来的石牛）不是那一个（指公牛雕塑）对吧？

答：一般是拜这个，烧这个。

问：他们一般拜的话是怎么拜？

答：怎么拜啊，这不就老妈妈念巴念巴。

问：烧点儿纸。

答：烧烧纸，磕个头，作揖。①

既然有妇女来此驱病、求子，看来她们重视的是石牛的神圣性的部分。

① 吕发亭，男，南下冶村人。访谈时间：2017年4月19日。

在有些村民看来，本村命运的衰落毕竟部分源于石牛被掏心。正如前文所述，现在金牛岭上又新塑了一座水泥的公牛，牛头冲着村南口。据说这头公牛是村里花4万元从别处买来的。为什么要花重金塑公牛呢？曾经在集体化时期担任村会计的张克淦指出了原因：

> 现在又塑了一个。岭上40来岁、50来岁年轻的男的，没的（指去世）不少。人家给看了，就说再给塑上一头牛。一头公牛，花了1万多块钱。那个洼地里的是原来那个老牛啊，被埋掉不少了。那附近那些小石头你看见了吧，那些小的不能动，那是小牛。那个牛塑上两三年了。①

看来当时塑公牛是因为村里中年男性的接连死亡，找专家看了风水，才塑的公牛。我们不确定专家认定影响风水的因素是村口新修的马路、村口新建的工厂，还是别的因素。总之，在村民看来，石牛的确关系到岭上及其居民的兴衰命运。退休教师吕发亭曾感慨，原来村里很富裕，有“大富翁”“大财主”，石牛被掏心之后，村里就“不大行了”，现在村里的工矿企业，都是“改革开放招商引资引来的”。② 另外一个风水观念影响实际生活的案例是20年前的修路之争。下村村西公路在1996年硬化的时候，就曾经发生过风水的争议。据刘成总介绍，当时路是由水泥厂援助建设的，但路基经过的地方是丘陵，最高处距平地有5米多，修路需要将丘陵挖开。当时修这个路，村里很多人不理解。村里很多老人就说风水是从西边来的，挖开以后就断了村里的风水，所以当时施工的时候，很多人都阻挠。但是，风水一说本在于解释，刘成总说：“我听一个老人说，咱村里的脉是从南边，绝对不是从西边来的。”还说，关于风水这个事，“可以这么说，也可以不这么说”③。这表现出对风水说的灵活态度。所以，重塑石牛，将石牛的头冲着入村的路口，其实表达了村民希望改善风水，并借此改变“不幸”命运的愿望。

为了改善风水而立的公牛雕塑，在一篇新闻报道中就完全是另外一种说法了。下面是2012年《鲁中晨刊》记者的报道：

---

① 张克淦，男，南下冶村人。访谈时间：2010年3月14日。
② 吕发亭，男，南下冶村人。访谈时间：2017年4月19日。
③ 刘成总：男，南下冶村人。访谈时间：2009年9月2日。

“南下冶村分为上村和下村两个自然村，上村主要建在卧牛岭上，这卧牛岭是因一块巨石像卧着的牛而得名。”进入南下冶村，村党支部副书记王奉山的一句话引起了我们的兴趣。在他的带领下，我们先去一睹卧牛的风采。

走至跟前，果然，巨石像一头卧着的老牛，有头有尾，后人还用锐器在形似牛头的上面刻上了牛眼，后来因建成小广场，卧牛下半部被埋住了1米多深。王奉山指着牛身上的一个洞说：“相传这是一头金牛，后来有人将其心脏偷走了，金牛就卧在这了，这里也就形成了一个小洞。在南边还有一处蹄印，活像真牛蹄印，据说是金牛的蹄印。”在不远处，还有一尊活灵活现的石牛像被安放在了道路中间。王奉山介绍，这个是后来村里买来安放在这里的。据村里人介绍，牛是勤劳的象征，现在安上这尊牛，表明南下冶村祖祖辈辈勤劳、精明。①

新塑的公牛雕塑

尽管不知是什么“村里人”向记者介绍牛的象征意义，但在记者看来，公牛是勤劳的象征，卧牛岭的传说对应着现实中南下冶村民开办工商企业、打拼奋斗、敢为人先的精神。石牛的传说、祭拜，公牛的塑立，表达了村民对美好生活的向往，对群体的认同，对人与自我关系的理解。借用新闻报道的话来说，就是“卧牛岭不只有传说”。

① 朱国梁、吕娜：《秀美颜庄之南下冶村："卧牛"崛起生活美》，2012年10月17日，http://www.laiwunews.cn/html/2012/1017/68143.html.

三、祖　先

在南下冶村流行这样一首民谣：

闫家岭，狄家洼，吕家来了第三家，谁知张家来得晚，占了东南树疙瘩。

这首民谣唱的虽然是各姓定居的历史，给人的第一印象却是它反映了各姓分片居住的格局。南下冶村现在共有15个姓氏，早先的时候每个姓氏都有一块集中居住区域，各姓氏居住区之间有明显的界线，所以出现了吕家胡同、闫家街、张家街等冠有姓氏的地名。

这首民谣还表明各姓占据的土地条件有差异。闫姓作为占全村人口40%的大姓，基本上占据着村西边岭上的地，自然条件较差，闫姓基本上都是务农，用村民的话说就是“老庄稼头”。狄姓现在并不是村里的大姓，只有三四十户，但曾是全村公认的最富裕的姓氏，占据着全村最好的水地，其家族墓地即俗称的“林地”范围较其他姓更广大，后来据说因为家族矛盾逐渐搬离南下冶。现在听到的关于狄姓的故事，基本上都在讲述大地主狄化南如何迷恋赌博导致败家的。吕家是村里人口仅次于闫姓的大姓，其占据的村北土地条件一般。吕家以前经济状况相当不错，村里最好的房子、最漂亮的祠堂都是吕家的，但当时吕姓中也有一些族人很穷，还有乞讨者。张姓现在是村里第三大姓，占据的是原来狄姓居住的东南部。村民解释说那里以前可能真的有个大树根，即“树疙瘩”，张氏的土地据说部分是购买自狄姓。

这首歌谣还包含一个重要信息，即各姓先来后到的顺序。下面将结合文献与口述资料，就几个大姓的早期基本情况逐一说明。

根据歌谣，闫氏应该是最早定居的姓氏。本村著名文化人闫振芷说：“据说那个时候这里水多涝洼地多，在汶河边上，涝洼地多，没法种，所以是‘闫家岭’。狄家来的时候就强了。”对于闫氏为何占据岭地而非水地，他解释说：“祖先来时村子东边还是一片水洼，所以他们在岭上开辟了自己的家园。”[①]这当然是一种合理的推测，不过，当我们试图借助历史文献，还原闫氏

① 闫振芷，男，南下冶村人。访谈时间：2017年4月18日。

的早期定居史的时候，发现早期的记载一片空白。1914 年，族人闫绍孔在《古冶闫氏族谱·序》中称：

> 吾闫氏原籍枣强。明洪武初，花子军之变，山东诸县邑辄空虚无人，诏发邻郡民实之，此为吾族占籍莱芜之始。顾自相宅，而后累世农隐，无复能举祖功宗德，勒之简策，昭兹来许者。以故始迁何人，传家几叶，字行世系统归佚失者，垂数百年。迨有清中叶，我四世祖勇、五世祖大孝、七世祖自山等始本其耳目所及闻见者，编次宗图，勒诸丰碑。今考其记载托始，乃自进福公起，盖缘进福以前名讳既已失考，则载笔者势不得不等诸仡蜚就删之列；其进福以后，则支派分明，然止详于七世以前。此我先大父肇桐公所以有续修谱碑之举也。按，续修之役在咸丰纪元，距今又五十余年矣。族姓繁衍，散处四方者，日益增多，使无宗谱以相维相系于其间，一传再传，其不至陌途骨肉，胡越昆仲者几何！①

闫家街

① 闫绍孔纂修：《古冶闫氏族谱·弁言》，1914 年。

这段序文有几个重点：第一，关于闫氏的来源。闫氏相传是明洪武初年奉命从河北枣强迁来下冶，但是，由于缺乏资料，清中叶以前的祖先名讳与世系都是空白。第二，关于宗族建设的肇始。清中叶，闫勇、闫大孝、闫自山等人根据当时能见到的材料开始整理世系由于编者闫勇已是第四世，所以其追溯的第一代闫进福实际上只是其曾祖辈，中间只隔了两代人，这是一个依赖个人记忆及家中神主牌才可复原世系的时段，从侧面证明了当时整理世系时，缺乏相关文献资料的辅证。第三，关于闫氏宗族的形式。清中叶整理世系的结果是形成谱碑；咸丰年间闫肇桐是续修谱碑；清末民国初期三修时是形成家谱。换言之，纸本家谱出现得相当晚，清代以来闫氏的谱碑及所在的祖坟地（因闫氏无家庙，谱碑不可能在家庙保存，推测应该立在祖坟地）是表达宗族世系观念的主要形式。

古冶閆氏族譜

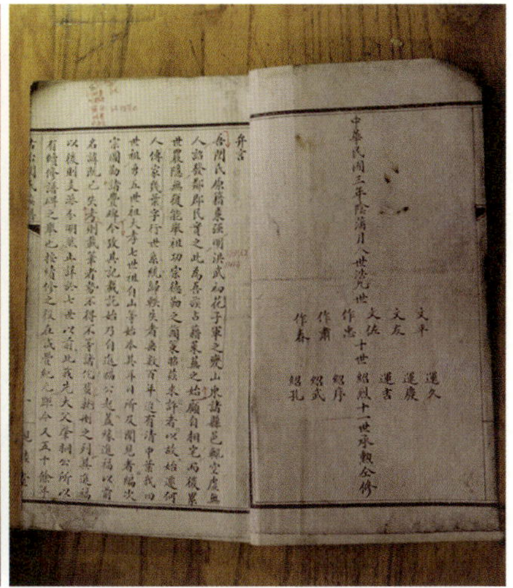

《古冶闫氏族谱》（1914 年）

清末民国以来，闫氏出了一些著名人物，他们成为村民认识闫姓的依据。以前，闫家出了一位大商人，在青岛、莱芜、济南等地做买卖，规模很大。闫振芷说：“我太老老爷他那个时候，就兴这个经商和这个农业相结合，商农结合，那时候上南方去贩茶叶，做买卖，这么的就发展起来了。”[①]另外就是编

① 闫振芷，男，南下冶村人。访谈时间：2017 年 4 月 18 日。

族谱的闫绍孔。族谱载:“绍孔,字卓堂,号圣泉,优增生,七品衔,山东全省地方自治研究所毕业,历任县议事会议长,县农会副会长。”[①]时至今日,提到闫姓,有村民即称:“闫家有秀才啊,那边还挂着大匾呢。”“秀才”就是指闫绍孔,由于他热心公益,莱芜县衙曾送“德艺绝伦”的牌匾。闫绍孔既有威望,又有能力,文学修养也高,不仅积极纂修本姓家谱,而且也曾为本村吕氏撰写过家庙碑记。至于歌谣中的“狄姓”,该姓在莱芜分前院和后院,南下冶这支属前院。他们于康熙四十五年(1706 年)创修族谱,乾隆十九年(1754 年)再修,其中乾隆谱序中称明初狄姓从河北枣强迁到莱芜高庄镇杨家峪,继迁沙埠子庄,再迁孝义铺及其他各村。到 1933 年,已经经历过七次修谱。[②] 尽管这些修谱未必是南下冶狄氏独力所为,但从修谱的频繁程度来看,清代中后期,他们已经卷入宗族文化发展的大潮流中。不过,对于早期的历史记载,一般村民不甚了了,他们知道的狄姓掌故基本上是祖辈、父辈传下来的故事。下面是一位刘姓村民讲的财主狄化南的故事:

> 有一个传说,说狄家占了这一片洼后很富。狄化南或者狄化南他父亲,可能是狄化南,雇了一个长工,姓吕,活干得很好。狄化南就说:“你给我好生干,到时我给你找个媳妇,给你几亩地。”一个长工,找上媳妇,再有几亩地,那就很可以了。所以长工一直干了十来年,但狄化南一直没给他找上媳妇,也没给他地。这个长工按现在来说就是患了忧郁症死了。死了没几天,狄化南的媳妇就临产。当时狄化南正睡着觉,就做了一个梦,梦见他的长工找他来要账,说:“我给你种了这么多年的地,你没给我钱,没给我找媳妇,也没给我地。”种地的这个人实际上什么也没有,就他自己,他就想打狄化南。这个梦一下就把狄化南吓醒了,他被吓醒正在想这个事的时候,正好丫鬟叫门。他问:“什么事?”丫鬟说:“奶奶添喜了。”他就问:“大喜还是小喜?”丫鬟说:“大喜。”他就说:“大喜不喜。”然后丫鬟就走了。他说“大喜不喜”,就是说来要账的了。他添了这个孩子后,当时把 100 多亩地全部卖光了,最后还要了饭,狄家从那时候就开始穷了。以后呢,吕家就富起来了。

故事说狄化南家的长工姓吕,并且由于吕姓长工投胎向狄化南索债,所以吕

① 闫绍孔纂修:《古冶闫氏族谱》,第 47 页。
② 闫振芷:《南下冶村建村姓氏考》,2007 年手稿。

氏就借此发展起来了。问题是，为什么长工是姓吕的呢？该村民的理由之一是，狄姓过后，就属吕家最富，所以从时间上来说，吕家应该和狄家有承递关系。除了讲述狄化南的故事外，另外有一次，山东大学师生就吕家街的问题采访这位村民的时候，他同样说："狄家穷了以后，吕家富了，按现在来说当时村里老宅子最好的就是吕家。按村里情况，不论布局也好，建设也好，就是吕家最富。"[①]由于现实中"狄家穷了以后，吕家富了"，这个时间上的先后顺序被视为有一定的因果关系，于是顺势将导致狄姓衰落的长工确定为吕姓了。问题是，吕家究竟是否如他所认知的那样呢？未必。实际上，就吕姓是否最富这一问题，村民的看法有分歧。

从狄、吕先后"最富"的客观情况及年长的村民提供的记忆来判断，狄化南当是清代晚期的人物。不过，历史是一回事，人们对历史的认知是另外一回事。关于狄家因赌博而衰落的故事，在村里流传颇广。每个人在讲述这一故事的时候，都往往加上一些自己的判断，由此出现了大同小异的诸多故事版本。下面是一位张姓村民讲述的版本：

> 就是说，一个家庭的人呢，不能坑人，不能害人。这是一个真事，是狄家的事。一个小伙子给狄家扛活，没有对象，主人就说："你好好干，我给你说个媳妇。"小伙子干了好几年了，主人也没给他说媳妇，小伙子就说："掌柜的，你不是说给我说个媳妇吗？有点眉目了吗？"主人说："别提了，我给你说了一个，人家老的不愿意，女的也不愿意。"一连好几次，小伙子想不开，就上吊死了。实际上呢，雇他的这家根本没给他说，说的都是瞎话。一年以后，主人的媳妇生孩子。正好那个晚上，他做梦，说是小伙子来要跟他账。结果他生了这个小孩子，长大以后就赌博，就把家私都输掉了，狄家接近40大亩地都输掉了。

该村民的讲述与上文狄化南的故事，都认为狄家衰落的原因是赌博，而赌博则是前世种下的孽因，即不信守诺言导致长工死亡，结果长工投胎后前来报复。不过，这个版本的故事更强调狄化南故意欺骗长工，也就是说，长工的死他负有直接责任。正如村民在开头讲的"不能坑人，不能害人"，这使得这个故事的主旨变成了道德训诫。该村民讲述的狄姓故事还包括这位赌博的

① 刘某，男，南下冶村人。访谈时间：2009年9月2日。

儿子犯法的一些故事，主要包括狄某去山西盗窃，并因为盗窃杀了人，临走的时候，还说“好汉做事好汉当，我是山东什么什么地方的”。由于留下了线索，后来狄某被官府包围，“围起来以后呢，官府来人和他谈判，他说：‘你允许我回家吃个饭?’来人说：‘可以。’就让他回家吃了顿饭。屋里冒着浓烟，他怀里揣了两个小男孩，顺着那个烟，在南边那个山上落了脚(意思是浓烟的掩护下，带着两个儿子逃到南山)。这是清朝时候的事了。”[①]也就是说，这则故事不仅强调他赌博的恶习，而且还突出了他类似杀人放火、落草为寇的行径。故事是讲述人对于狄某将家败光以后，究竟去了何处的一种想象。估计，这个版本的故事受到历史上存在南山盗匪的影响。

吕氏祠堂的门楼

至于吕氏的来历，清代《吕氏族谱》载，明初吕信复从登州莱阳迁到莱芜南宫村，后来又从南宫迁到莱芜其他村落。不过，我们在南下冶访问吕氏后人的过程中，很少听到南宫村这一名称，反而一直听人们提到莱芜城北的芹村，看来现实中吕氏历史的重心在芹村。有意思的是，直到清后期，芹村和南下冶的两支吕氏才真正建立联系。同治四年(1865 年)吕涵辉《吕氏四门五修族谱·序》载：

> 邑之东南乡下冶庄旧有吕氏族人，但从前未入谱牒，故某支某派多有未尽识者。至十六世连璧遍观各茔碑碣，延访同族父兄，精心竭力，参互考定。适甲辰岁锡侯馆于其家，又取我谱而印证之，莺之子犹有永康、永宁两昆仲，其与我同族六世皆永字行，支派釐然确如也！因按世

① 张某，男，南下冶村人。访谈时间：2010 年 3 月 14 日。

系勒诸谱碑。嗟呼，我四门长支数百年淹没而不彰者，一旦登诸简编，永垂于后，是何子孙之繁衍与！亦祖德之灵也。余与连璧一居邑之南，一居邑之北，往来莫及，庆吊不通，惜闻其人而未之识。有官厂电光、芹村凤鸣者，屡对余述其颠末，因邀持经同至下冶，然而连璧亡矣，其子锡甲、俊甲等罔不恂恂雅饬，款若家庭。且不期而会者，少长数十人，寒暄识行列，俨然万殊归一本也，而尊族敬宗收族之意不益彰彰乎！因与结社，定修期，以长支为大支，以初之大支为三支，初之次支为五支，世系成而昭穆定焉。①

南下冶吕氏“数百年淹没而不彰”，可见清中叶之前的确寂寂无闻。他们与科举人才频出的芹村很不一样，这两支吕氏本来也是“往来莫及，庆吊不通”的关系。到了19世纪上半叶，南下冶的吕连璧试图制定本村吕氏世系，此举成为双方联系的契机。吕连璧先是考察墓碑并访谈族中父老，后来在甲辰年(1844年)请到一位芹村教书先生吕锡侯，并因此借得芹村家谱“印证之”。经过考证，发现南下冶是第四代祖先吕智的后人，由于吕智是四门的长子，因此南下冶吕氏成为吕氏四门长支，他们将此世系刻在谱碑上。差不多20年后(约比编族谱的1865年稍早)，原来四门的吕电光、吕凤鸣、吕持经等人到南下冶拜会，并真正将南下冶吕氏纳入四门族谱。

新修《吕氏族谱》(吕氏四门长支)

南下冶吕氏不仅接触到村外的吕氏，而且掌握了更大范围内吕氏的传说、构成等状况。参与联宗的关键人物也是1865年修谱的作者。比如前述族谱序文的作者吕涵辉，以及他提到的“监修”吕凤鸣、“社长”兼“监修”吕持经，还有另外一位“社长”兼“校阅”吕电光。同时，还有“编辑”吕连璧之子吕

① 吕涵辉撰：《吕氏四门五修族谱序》，新修《吕氏族谱》(吕氏四门长支)卷一，1930年。

锡甲、吕俊甲。显然，本次修谱是诸村吕氏合力进行的。此后南下冶一直是作为吕氏四门长支，成为跨越村庄乃至州县范围的吕氏整体的一部分。

南下冶吕氏加入的这个宗族组织，是一个早已发展起来的吕氏团体，即"吕氏四门"。这个团体在乾隆二年（1737年）修撰家谱之时，就已经记载当时的祖先传说了。这个最早的传说版本大意是说，吕氏祖先吕信复旧居登州莱阳堑水庄，洪武初年迁居莱芜，当时他只有一个儿子，就将孩子置于柜子中，与其他釜甑之类的生活用具一起，挑着担子来的。当时其妻问迁到哪里，他漫不经心地说："茅草高一丈二尺即吾家矣。"后来到南宫村，在一棵桑树下休息，看见此地茅草一丈多深，于是定居于此。[①] 后来他的儿子又生了六个儿子，除一人绝嗣外，其余五个儿子就成为吕氏的五门，但族谱并没有列举这五门的子孙居住的地方。那个时候，谱序作者还没有"吕氏四门"的概念。

约1865年稍早联宗后，南下冶吕氏正式纳入"吕氏四门"的谱系，据此推测，"吕氏四门"族谱的祖先故事应该多少影响到后来南下冶吕氏的祖先讲述。南下冶的吕氏祖先故事，目前所见最早的是1914年《吕氏建修家祠碑记》的记载。碑记是这样叙述的：

> 按吕氏先世，籍隶河南，避元兵燹，徙居山东登州府莱阳县。明洪武初，信复公又自莱阳迁居莱芜南宫村，是为莱芜吕氏之鼻祖。公生子一，讳直行（直兴）。直行公生子六：希颜、希贤、希圣、希弼、希升、希明。希明皈依禅门无后，故吕氏仅分五门。厥后五门子姓繁衍，又自南宫村散处四方。其居南下冶者，盖四门希弼公长子智公也。[②]

这个说法先是讲从河南迁到莱阳，这段前史为四门族谱所未有。其余的表述皆见族谱。

我们在南下冶与吕氏后人谈话时，他们都提到林地有所谓"明朝的碑"，并将其作为祖先迁徙历史的依据。实际上，所谓"明朝的碑"只是记载明代事迹的碑，而且是立于芹村。南下冶吕氏2003年编修的族谱，里面收录有2000年重刻的清代《吕氏直兴公碑记》，碑文的作者是莱芜杨家镇进士潘绍烈（1796～1881）。碑文称：

---

① 乾隆二年《莱芜吕氏四门族谱序》，新修《吕氏族谱》（吕氏四门长支）卷一，1930年。

② 闫绍孔：《吕氏建修家祠碑记》（1914年），碑现存于吕氏祠堂。

吕氏为吾邑望族，自前明以迄于今，历世二十，历年五百，科第蝉联，后先辉映。

从“历年五百”这句推测，碑文应撰于1868年前后，再考虑到联宗通谱的过程，大致可以落实到1865年这个年份。这通碑文虽然为直兴公所作，但除了列举他生了六子之外，并无特别的事迹。可以说，这通碑仍然是1865年联宗的产物。

南下冶吕氏现在还留有全村唯一的祠堂，祠堂仅存门楼和堂屋，但是它的规模和格局还依稀透出吕氏曾经的繁荣。现在祠堂院内还有一通1914年的碑记，碑文述及祠堂修建的过程如下：

甲寅(1914年)冬十月，吕氏家祠落成，董其事者为余同学吕君若芳。以记事之文嘱余，义不容以不文辞，谨撮举事实而录之。……数传至贵公，家资颇厚，独力创修家祠于皇华店。设主椟，备礼器，为四门族众岁时奠醊之所。嗣遭清咸丰初元捻匪之乱，焚毁无存，族众屡议改建，以窘于财而不果。迨满清季年，村西茔墙被雨水冲毁若干尺，渐损及墙墓矣。族中父老吕连甲、吕怀全、吕高飞、吕维贵、吕汉永等爰聚众而谋曰：“吾族祠宇废毁，先灵何所凭依。茔墙倾圮，丘垄渐就湮没，及吾世倘不急为修缮，当以不孝论矣。”乃议定茔墙、家祠同时建筑。□鬻墓傍枯柏若干株，供建筑费，而以董工事诿之若芳，君□固多材，于工程事尤为洞达，几与一堵刻一桶，罔不躬亲监视，督工庀材，□雨寒暑不懈怠。功成之日，里党咸称。君之为口宗血食计者，可谓孝思不匮而能使子子孙孙春露秋霜，入室见位，出□闻声，□然肃然，动尊祖敬宗之思，岂非锡类之贤哉？时余任县农会事，公余旋里，辄往过徙行其庭，见其栋宇轩敞，规模壮阔，登其堂，观其衣冠，跻跄俎豆明洁，犹仿佛见古昔仁人孝子春秋□食□芬享祖之盛也！

山东行政公署委任莱芜县农会副会长闫绍孔撰

颜庄区团正史新斋书[①]

由此可见，联宗后的南下冶吕氏作为四门长支，有一定的影响力。其最初创建的祠堂是在邻村的黄花店，而不是本村，且祠堂号称“四门族众岁时

① 闫绍孔撰：《吕氏建修家祠碑记》(1914年)，碑现存于吕氏祠堂。

奠醊之所”，可见它并不专属本村吕氏，而是四门族裔共同的祭拜场所。关于该祠堂创建时间，既然碑文称是“四门”之祠堂，应该发生在联宗行为之后，也就是大约在晚清。碑文称创建者是吕贵，可是族谱上的吕贵是第六代，无疑是明朝人，与此时间不符合；且假如明朝已有祠堂，吕氏不可能寂寂无闻，这也不符合历史。所以综合判断，笔者认为该祠堂应该还是清晚期出现的。这个祠堂创建不久即于咸丰初年(1851 年)被捻军烧毁。民国初年，卖掉祖茔的柏树，筹得经费，才于南下冶重建了祠堂、围墙。这个重修的祠堂，应该主要属于南下冶吕氏，与四门其他各支的关系不大。

村民吕同教在讲解吕氏祠堂碑记

村民的记忆更多受到现实情况的影响，而未必符合碑文的记载。例如，关于吕姓的来历，碑文认为元末吕氏从河南到登州府莱阳县，明初从莱阳迁居莱芜南宫村，然后两代人之后，吕氏四门直接从南宫迁往南下冶。但是，这样的迁徙历史几乎被所有吕姓村民忘记。我们在访谈中，发现几乎没有人记得这段历史，反而大家都特别记得是从芹村迁来。例如，村干部吕安亭就说：“姓吕的什么时候来的具体咱说不上，有谱碑。俺村的姓吕的，是从吕家芹村搬来的。(芹村)在莱芜城北，很有名，是咱莱芜市最早发展党员的村子，在莱芜党史上就有。”[①]这个芹村吕氏，自古科举兴盛、文人辈出，芹村在近代又是党史上的重要村落，论知名度是超过南下冶的；加上近年来芹村吕氏宗族文化的复兴，影响力大增，更增添了对各村吕氏的吸引力。

民国时期，南下冶吕氏经济状况并不好。例如，见闻颇广的张景春说：“现在各姓氏之间经济条件都差不多。那时候吕家的经济不大行。”“再往北去啊，不尽是要饭的？现在都好了。”[②]另外一位张姓居民也说：“吕家也并不富裕，他们盖的祠堂啊，那是用以前他们林地里卖的树钱来盖的。”“他们一代代出赌博的多，把土地都输掉了。山南海北的都有，谁知道他输给谁啦！”[③]甚至吕姓人自己也不否认这点，2010年1月份，我们在吕氏老屋门口访谈到几位打牌者。有两位吕氏族人称：“以前公路两边的好地都是狄家的，那时候他们很富裕。后来因为没有出人才了，也因为赌博输了，就败掉了。吕家？吕家不富，吕家尽出穷人！没出过什么人才，就靠下死力，给别人扛活啊！”

关于民国时期吕氏为何衰败，村民有不同说法。比如一位刘姓村民就认为是吕氏人好抬杠、懒惰导致的衰败。他举例说，吕姓有个懒汉，“自己有地不种，光在街上抬闲杠。人家都推粪，他也想推粪，推粪没有牛，就借丈人的去。等牛借来了，天下雪了。推粪不都是冬天吗，下了雪不能推粪下地，就得白给牛喂草。等晴天了，丈人家也来牵牛了。丈人说牛牵去好几天了，说那粪推上了吗？懒汉说下了好几天雪，白给你们喂了几天牛，哪里推来？懒汉气得不得了，说咱不用牛，咱自己担，就套上大粪篓用担子担，非常累。他是破落户，原来家庭条件好，长得五大三粗的。他担了一趟就累得够呛，回来撂下担子就再也不干了，就把出圈的粪再刨刨垫了栏（即养家畜的圈）。”这位懒汉后来耩高粱，需要拉石墩子保墒。他嫌麻烦，为了省劲，耩高粱的时候，走一步踩一脚，走一步踩一脚，结果导致地不够厚实，高粱无法发芽，地里都长满了草。[④] 涉及姓氏的时候，该村民提到的都是异常的个人行为，并且根据自身经历补充了大量日常细节。另外一位张姓村民也说：“吕

① 吕安亭，男，南下冶村人。访谈时间：2017年4月18日。
② 张景春，男，南下冶村人。访谈时间：2010年1月29日。
③ 张某，男，南下冶村人。访谈时间：2010年1月29日。
④ 刘某，男，南下冶村人。访谈时间：2009年9月2日。

家以前也不穷，后来为什么穷呢？就是出了好几个赌博的人。”他还补充说：“张家没有赌博的，靠勤劳致富，省吃俭用！”①

最近几年，随着家族文化受到更多的重视，寻根祭祖似乎有再兴起的迹象，对于南下冶吕氏而言，他们寻根的地点是祖坟地所在的莱芜芹村。吕安亭说：“芹村那个林地有看头，那个碑都竖在那。那会儿还有个林地，属于集体的，就在这边，那个林地面积很大，有七八亩吧。那会儿有四个大旗杆座子，有大谱碑，明朝有个碑，字是拓出来的，就说一世祖（应是二世祖）吕直兴的墓在这里放着，据说是在元末明初的时候搬过来的。那个碑文写得很明白。”2010 年，芹村吕氏举行盛大的祖先立碑仪式，以前毁坏的墓碑重新竖立起来，没有的墓碑再补上。当时南下冶吕氏也有“有点威望的，有年龄的”的老人自发前往，有钱的族人拿了钱带过去，去了就是“一块儿磕头”，烧纸、立碑、唱戏，并与新立的祖先墓碑合影。②

吕氏第一代、第二代祖先墓碑
（碑在大芹树）

在那首各姓来历的歌谣中，张家是来得最晚的。例如张景春就说：“我们张家来得晚，我们是从河北迁来的，那个村碑上都有写啊！听那个老人都这么说。他没啥占的，就占了个树疙瘩。那时候三代往上，张家每家都有三十亩地呢……这个庄原来叫‘张家泉’啊，以前那个泉还有一个小碑，现在没

① 张某，男，南下冶村人。访谈时间：2010 年 1 月 29 日。
② 吕安亭，男，南下冶村人。访谈时间：2017 年 4 月 18 日。

有了。”[①]另外村民刘成总也说:“张家占了村子东南角,后来很可能买了狄家的一部分地。泉边上的地尽是张家的,全是好地,也有可能是买的吕家的。吕家败落以后,就卖给了张家。”“张家有族谱,但是不让外人看啊!每次要看的话,还要洗手净手。”[②]

关于王家,根据金牛岭退休教师王淑相的讲述,本姓现在有50多户,尽管说来南下冶200年了,但同时又说本姓是在朱元璋在山东杀人之后从山西搬过来的,他听别人讲是“传下来的这个事:可能朱洪武(朱元璋)当时很穷,要饭。他要饭呢,到这个地,叫大娘大娘死,叫大爷大爷亡,所以人们不给他东西。他叫谁,谁都担不得,都死啦。所以打那他脑子中邪啦,觉得山东人不好。他得了帝,把山东人全部杀光”。也就是说由于朱元璋是帝王命,普通人承受不起他称呼大爷大娘,凡被叫过的人都死了,所以大家都不给他东西,于是他怀恨在心,要把山东人都杀光。因此王姓从山西迁来山东,祖先西来,先是落脚到莱芜苗山,后到济南平阴,最后到了莱芜南下冶村。1972年,全莱芜的王氏修新家谱,平时有外人来看家谱,王淑相就拿出来翻翻。当被问起王氏传了多少代的时候,王淑相说:“这上头是不多,那边到了二十三世啦,野火沟那边。”可见在他看来,虽然本村王氏不多,但野火沟那边繁衍得最快。[③]

关于刘家,刘成总说:“刘姓是从沂源搬迁过来的。俺的老祖是从山西搬到沂源,俺又从沂源搬过来的。”其他像薛、徐、苗等几个小姓,多是搬来不久。而苗家,根据受访人苗成学的讲述,现在村里有40多户姓苗的,他们是1965年因修建颜庄镇葫芦山水库迁到南下冶村的。张家,据村副书记吕安亭介绍说,张姓是从颜庄红埠岭搬下来的。

在南下冶,虽然有些关于村人赌博、懒惰之类的故事广为流传,但都是指的个人行为,而不是针对姓氏全体。总的来看,各姓之间相对和平相处,来往频繁,可以说,姓氏符号在区分村民身份上意义并不特别明显。村民张克永说:“吕家,还有其他各姓之间,关系都很好,没有什么争吵、不和之类的。咱这个庄里有人参加共产党,也有人参加国民党,他们之间互相不杀

① 张景春,男,南下冶村人。访谈时间:2010年1月29日。
② 刘成总,男,南下冶村人。访谈时间:2009年9月2日。
③ 王淑相,男,南下冶村人。访谈时间:2017年4月19日。

人、不争斗。”[①]这句话并非全是场面话，如今的乡村社会，虽然姓氏区分仍很重要，但在人们的认知中，严密的同姓集团是不存在的。大家对祖先故事的分歧看法与模糊态度以及对世系的不在意，暗示了同姓结合不是很紧要的问题。正如有的家谱作者时常发出“远亲不如近邻”的感慨，在村落近代化过程中，血缘关系的淡化是普遍趋势。

① 张克永，男，南下冶村人。访谈时间：2010 年 1 月 29 日。

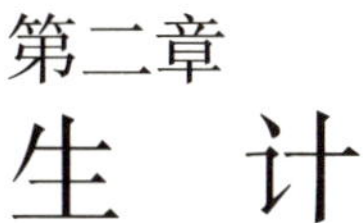

第二章 生 计

一、农耕与粮食

南下冶村地处干旱的山区腹地，属半丘陵地带，地形西高东低，耕地丰富，土地墒情较好，早期的村庄三面环水，灌溉便利。广阔的土地和良好的灌溉条件为这里的农业生产和经济繁荣奠定了基础。该村历代以农业为本，村子东边的耕地都很肥沃。

20 世纪前半叶，南下冶基本上是一个传统的农耕村落，土地数量相对稳定。1948 年生的闫振芷说："我们庄呢，我记得我那个三叔说，他小的时候我们庄有 2900 亩地，他今年 90 岁了。我小的时候，我们庄还有两千二三百亩地。"①从两人的年龄推断，这两个数字分别代表 20 世纪 30 年代与 20 世纪 50 年代的土地情况。而且，正如"闫家岭，狄家洼，吕家来了第三家，只有张家来得晚，占了东南树疙瘩"这样的歌谣显示的那样，之前的土地都是与某家某姓相关联。刘成总说："一直到生产队的时候，人们还是按原先谁家的名称来称呼，说这块地是谁家的，那块地是谁家的，到这会儿还有这个说法。到我的下一代，就不这样说，而是说原来这块地是哪个队里的。但在我小的

① 闫振芷，男，南下冶村人。访谈时间：2017 年 4 月 18 日。

时候，还是说是某家的地。”[①]对那个年代的村民而言，土地承载了更多的社会意义，它不仅关系到生活水平，而且还与声望、家族、风水、社会关系等密切相关，这就是传统的农业文明。

村边的耕地

20 世纪 50 年代，村里的生产形式先后经历变工组、互助组、初级社、高级社，到 1958 年成立人民公社。村落土地集体化后，农村的生产关系得到根本改造。对村民而言，土地是公家的，耕作是集体行为，土地与私人的关联弱化，“人均”耕地才是有意义的标准。《十卷书·村庄》称：

> 解放初，村里人口不足 1000，当时土地有 2030 亩，人均土地 2 亩多。但由于耕作技术落后，村民常是守着土地饿肚子。70 年代初，因建厂、修路，占去村中土地数百亩；(加上)本村村民划宅基地、副业用地，总计占去土地 1000 亩。土地减少了，而人口却增加了近 700 人。但由于地下水资源丰富的自然条件，村里所剩近千亩土地，水浇地达 800 亩。土地所出，仍能满足全村人的口粮。自 80 年代打深水井两眼，扩大了

① 刘成总，男，南下冶村人。访谈时间：2009 年 9 月 2 日。

水浇面积；2000 年又打深井一眼，现在全村吃上自来水。[①]

随着人口的迅速增加与耕地面积的减少，村里人均耕地面积呈现逐渐萎缩的态势。1949 年初，人均 2 亩多，与上文闫振芷所言差不多。此后 30 年，尤其是 1972 年以后，随着修路、建房、建厂占用土地的情况增多，耕地迅速减少，到 1982 年全村重分土地时，人均只有 1 亩地。而到 2002 年上述《十卷书·村庄》出版之时，人均耕地仅余 0.6 亩。此后几年，尽管人口增长的态势相对慢了下来，但耕地的占用却一直没有停止。根据 2010 年村支书所述的情况，当时人均只有 0.5 亩地了。最近几年来，村里新式居民小区及新工厂的建设，又占用了部分耕地，因此人均耕地低于 0.5 亩。2017 年，我们甚至在金牛岭吕发亭大爷那里，听到南下冶全村一口人只有0.2亩地的说法，尽管有些夸张，但也可见人均耕地面积已经减少到微乎其微的地步了。可见 60 余年间，人均耕地减少到远不足原来的 1/4 了。2017 年我们调查的时候，发现现在无论是政府文件还是村民日常说话，提到耕地面积时更常用的计量单位是“平方米”，从“亩”到“平方米”的变化，一定程度上反映出土地减少情形之下，土地资源日益稀缺的境况。

中华人民共和国成立后的 60 余年间，南下冶土地的用途、土地的质量、耕种的条件其实都发生了很大变化。尤其是 20 世纪 70 年代以来，人地矛盾日益加剧。一方面，人口迅速增加产生了迫切的住房需求，村里决定在自然条件较差的金牛岭上规划新的宅基地，以节约更适合灌溉与耕作的平地。另一方面，乡村建设、工业化的快速推进也陆续占用了大量耕地。近年来，南下冶建厂、建商业街、建小区、建小学、建幼儿园等各种事业持续推进，对土地的占用有增无减。非农业用途的用地不再局限于山岭薄地，肥沃的平地也被纳入其中。尤其是靠近国道的部分，新式小区、幼儿园、门面房连成一片，南下冶基本上已经成为城镇了。

① 张兆清主编:《十卷书·村庄》第 9 册，第 25 页。

与居民小区毗邻的沟渠

南下冶的农业技术有了很大的进步。村里绝大部分可以灌溉的耕地保留了下来，从而保障了基本的农业用地。与此同时，农业用地的耕种条件也得到改善。尽管原来的泉水消失了，但20世纪70年代以来，村里大搞农田基本建设，学大寨，兴修水利，发展了机械灌溉。20世纪80年代以来，又打深水井两眼，利用地下水灌溉，进一步扩大了水浇地面积，从而使得全村绝大部分土地成为肥沃的水浇地。同时，耕地从用单铧犁到用拖拉机，提高了效率。

农作物的品种也经历了不断调整优化的过程。1949年后到1958年以前，南下冶大量种植玉米。当时的玉米改良种叫"金皇后""大马牙"，国家提倡种植，但产量并不高。除了玉米，还有小麦。小麦品种是"葫芦头"，那时候一大亩地最多才打300斤小麦，产量也很低。为了解决粮食问题，南下冶在国家号召下，逐渐普及种植高产的地瓜。此后直到1973年，地瓜成为村民的主食。地瓜以其耐旱、高产的特点，迅速普及开来。尤其是金牛岭周围的山岭薄地，石头多，土质不行，1949年前就是简单种些谷子、高粱之类的，种

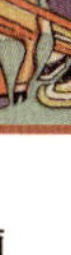

其他的作物不长；1958 年以后，山上就几乎都是地瓜了。除此之外，当时人们还大面积种植小米，主要是种晚谷。当时水浇好地是两年三茬，豆子、小麦、谷子轮种，地瓜地就种一茬。

集体化时期，南下冶除了种植粮食作物外，还种棉花等经济作物。比如棉花，种植面积很小，主要是为了交棉花公粮才种植的，当然也用于村民自己纺棉、织布等日常生活消费。村民记忆中另外一种重要的经济作物是黄烟。村民刘成总说，那时候男性都抽烟，招待客人的方式之一就是请其抽袋烟，一般的青少年年满 16 岁，别人也都会招待他们抽烟。村民抽的烟主要有两种：一种是买的烟，那时候买比较上档次的烟，是一毛八、两毛来钱。一毛八是“天桥”的，两毛钱是“天金”的。另外一种是生产队自己种的旱烟，目的是为了供应本村男性的消费。旱烟除了生产队自己消费，剩下的可以拿到市场上去卖，当时是一块多钱一斤。①

在南下冶农业集体化的历史上，1973 年农作物品种改良是一个重要的事件。当时莱芜还属于泰安地区，根据村民刘成总介绍，当时泰安五七干校的一批干部下放到南下冶，这批干部包括泰安地区一位交通局局长、一位文教局局长、一位共青团委的陈姓干事、一位泰安柴油机厂的张姓干部、一位农业局干部、一位地质局干部。当时这批干部为什么会被下放到南下冶呢？刘成总推测可能是因为南下冶交通方便，各方面条件还不错。其中农业局的这位干部是莱芜人，是他在南下冶推广种植杂交玉米的。他带来了杂交玉米的种子，教给村民如何配种、如何授粉，然后就在原大队办公室西边的地里种。当时玉米种植一般株距是 25 厘米一棵，行距是 20～25 厘米（现在一般都是 40 厘米）。第一年就产生了很好的效益，玉米产量远超村民预期。据参与过种植培训的刘成总说：“俺生产队的粮食产量增了一倍多。其中有一块地长得很好，生产队分了四次还没有分尽。估产生产队不敢估得这么多，谁估多了人们就有意见。”显然，优良作物品种的推广使得粮食产量大幅度提高，这超乎所有村民的预想。时至今日，南下冶玉米亩产量达 500 多公斤，加上每亩小麦产量六七百斤，综合起来，每亩地的产量都在 1000 公斤以上。

① 刘成总，男，南下冶村人。访谈时间：2009 年 9 月 2 日。

多样化的种植经济

1982年实行的家庭承包制是南下冶农业史上影响至深的事件，村民一般称之为“分地”。当时差不多每人分到1亩地，虽然人均耕种面积没有变化，但村民的生活水平有了很大的改善。受访的多位村民对此表示记忆深刻。闫振芷回忆说，分地之后，“农民的那个粮食立时就不紧张了”。刘成总回忆说：“1982年分了地，当时我家是五口人，分了接近5亩地，一亩地产量500斤，一共2500公斤，除去200斤公粮，再留200斤的种子，还有2000斤。家里五口人，孩子又很小，所以尽够吃。况且这才是一茬儿。记得有一块地，一年我就割了两拖拉机麦子。是按450平方米分的，当时割了70多个麦个子，打了900斤麦子。”对于依赖土地为生的农民而言，没有什么比解决温饱问题更重要的了，“尽够吃”这几个字就是农民最刻骨铭心的感受，以至于20多年后，刘成总仍能清楚记得当年的收成数字。

对于经历过饥饿年代的村民而言，解决温饱问题直接关系到他们对国家政策的认同，尤其是农村知识阶层对国家的认同。闫振芷说：“20世纪八九十年代中期的农村改革，邓小平指的这个路子啊，就很正。就是先把中国老百姓特别是农民的吃饭问题解决,肚子填饱。你看后来国际上就非洲那一片就解决不了温饱。"[①]横向的国际比较,彰显出中国农村改革政策的正确性。

对于经历过饥饿的普通村民而言,更多的则是通过自己的忆苦思甜,比较"分地"前后生活水平的变化,而实现对政策的认同。农业领域的进步、分地后生活水平的提升,直观、形象地融入了他们关于食物变化的记忆中。集体化时期,村民主要吃地瓜面做的煎饼;三年严重困难时期,连地瓜煎饼也成了奢侈品。20 世纪 70 年代玉米种植推广以后,人们主要吃玉米煎饼,而 1982 年分地以后,吃的主要是白面馒头,很少有人再吃煎饼。可以说,从地瓜面煎饼到白面馒头,村民的生活一步步好了起来。对他们而言,包产到户的实行、劳动力的自由化、农村生产关系的调整、农业技术的进步、生活水平的提高等各种正面的政策与变化,都用"分地"这一简洁有力的词语概括了,而分地最直接的感触就是粮食多了。食物作为村民具体而深刻的身体记忆,无疑切切实实地增强了人们对政策的认同感。

"分地"的意义不仅仅限于解决了温饱,它还增加了农民的收入,并由此逐渐改变了农民与土地的关系。因为分地之后,村民的余粮可自由支配,出售余粮可增加收入。我们访谈的多位村民都提到分地后卖余粮的事。例如,金牛岭上居住的老人张菊美说:"自己种了地,它比那待成堆的时候(指集体化时期)种得好喽,打粮食多了。粮食就用不了了,吃不了不就卖啊。那时候卖了就有余钱了,生活就一年一年好了。"[②]她家六口人,四个小孩,在集体化时期,大人挣的工分还不够全家人的口粮。而 1982 年按人口分地后,她家的生活水平日益改善,甚至还有富余的粮食可以出售。

现在南下冶村的作物种植比较多样化,完全面向市场的种植业、养殖业逐渐占据主流。第一类重要的经济作物是姜、蒜等蔬菜,种植面积达 400 亩,占全村作物种植面积的 40%。种植的蔬菜有卖给个人的,也有卖给蔬菜公司的,有到市场卖的,也有卖到相关的机构中去的,但据村民说效益并不是

① 闫振芷,男,南下冶村人。访谈时间:2017 年 4 月 18 日。
② 张菊美,女,南下冶村人。访谈时间:2017 年 4 月 19 日。

很好。第二类是花生。南下冶村历史上就没种过花生，但 2008 年之后的两三年间，南下冶岭上的地全部种上了花生，并且产量非常高。村民一看人家多少土地产了多少花生，一算经济账，太合算了，就都种上了。的确，我们 2017 年去访谈的时候，不仅岭上的旱地、河边洼地，甚至沟渠边的空闲地、拆迁宅基复耕地，处处都可见到成片的花生。第三类是莲藕、葫芦等。根据经营者的介绍，种植地点是在本村东西砖厂地址改建的复耕水池，其种植获得了村里的投资，两类作物种植面积合计达 80 亩之多，通过深加工增加了附加值，并获得了国家的补贴。第四类是养殖业。2010 年的时候，村里有 7 户人家专门从事养殖业。

村民在石碾上碾花椒

在耕地减少、粮食作物逐渐被经济作物取代的背景下，土地与食物的联系日渐弱化。现在生产资料来自市场、农作物是为市场生产，同时，村民也通过市场购买食物等生活必需品。即便是村里生活较为贫困的村民，现在吃的主食米、面、煎饼等都是到市场上购买，而不是自己做。吃的菜一部分是在市场上买，一部分是来自自家园子里。可以说，经过农业商品化、市场化的过程，农业对于村民而言，不再是“刨食”之具，已经不再与食物或饿肚子这样的身体记忆相关了。

经济作物取代粮食作物的意义，使村民与土地的关系、村民对土地的感觉发生了变化。南下冶种植蔬菜的传统是他们极力向人夸耀的，蔬菜的种植和交易曾经对这个村子的经济繁荣起到了不可代替的作用。即使在收益甚微的今天，村民也依然不愿放弃种植姜、蒜等经济作物。根据 2009 年与村里的文书闫家生等人的谈话，1949 年以前“村民守着土地饿肚子”，后来农业

改革后，人们的生活改善了；但近几年来，随着打工收入的提高，农业收入显然越来越不重要了。他们说：

村里的花生种植

农业总体来说现在不是很挣钱，有的年份好一些，有的年份又差一些，收入不是很高，反正光指望种地是挣不了多少钱的。[①]

对他们而言，农业与"挣钱"即现金收入有关。村民说这话的时候，他们的生计模式已经更多依赖于工商业，而不是农业了。如今的耕地与其说与食物相关，不如说更多的与财富相联系。我们在访谈中，听到几个印象深刻的事例：有人认为镇里获得的数千万元土地出让金，经过层层克扣，并没有分给村民本人，部分村民对此颇有微词；还有的村民认为由砖厂改建的藕池，其实赚不了多少钱，其主要目的是获取国家补贴；而对于搬迁后的旧宅基地，很多村民并不愿意复耕，反而很慷慨地让宅基周边的居民种菜或种其他作物。我们在实地考察中，发现很多居民利用门口小块土地作为菜地。

我们无意考证土地出让金、国家补贴或拆迁赔偿说法的真伪，而是认为这几种说法有另外一层确实的意义，即对于村民而言，今天土地的价值并非

① 闫家生，男，南下冶村人。访谈时间：2009年9月2日。

在于保障食物，而是成为一种公开的、更有利可图的资产。金牛岭上的吕发亭大爷对此颇有感慨。他说："那时候不爱惜土地啊，原来都在下边那个大村里，不愿爱惜土地，这一片都是岭，现在都是'值多少钱啊'，就这么个心思。这不又盖了大楼，盖了居民楼。"可以说，耕地的变化反映了自由主义经济冲击下，村民日益按照市场规律处理土地，传统的种植经济逐渐式微，土地本身变成了商品。物质匮乏时代的食物的记忆、身体的记忆以及与此相关的各种价值观逐渐远去，传统的农耕文化也渐渐地消逝了。

二、节 俗

以农耕为主的传统社会，有许多与农耕相关的风俗节气，它不仅包含生产生活中的各种禁忌，而且反映出以家庭为中心的复杂社会关系，并有许多仪式性的内容来表现和维系社会运转。虽然现在节俗的气氛较以前逐渐淡化，但对于上了年纪的村民而言，这些传统习俗就好像自身生命的一部分，每年不过一过，就觉得浑身不舒服。虽然人们搬到楼上了，生活越来越城市化了，但有些习惯却一直保留着。

二月初二是南下冶一个重要的节日，节日里有很多讲究。首先是有打簸箕、打囤的风俗。"打簸箕"就是把柴灰放在簸箕里，然后敲打敲打。"打囤"就是把宅子里、天井中的东西比如柴火之类的先敲打敲打，牲口栏要是在宅子外面的，也要去敲打敲打。然后天井里用柴灰打上类似粮囤的图案，口朝北，底朝南，撒点粮食在里面，然后打个梯子，类似用囤藏粮食。[①] 张克淦也说："打囤子，外面放一个，放上石灰，在天井里，打上个粮仓，抓上高粱、谷子、玉米、麦子等粮食，用砖头把它们盖上，要不就被鸡吃了。早上要起得很早，没出太阳的时候就要开始打囤，把孩子们都叫起来打打，长命百岁。"[②] 吕家胡同有人介绍说，外面放五谷杂粮，宅子里放钱。据村民介绍，20 世纪 50 年代以前盛行打囤的风俗，现在都没有人打了。

---

① 闫振芷，男，南下冶村人。访谈时间：2010 年 3 月 13 日。本节内容如无特别说明，主要指此次访谈。

② 张克淦，男，南下冶村人。访谈时间：2010 年 3 月 14 日

在新式居民楼下烧柴做饭的老太太

二月初二还有搬姑娘、炒豆子的风俗。二月初二是闺女正式回娘家的日子，民间叫"搬姑娘"，就是娘家派人叫她回来，以前常见人们牵着驴去接闺女。吕家胡同那里的人说，娘家谁去搬都行，父母、哥哥嫂子、侄儿侄女都可以。"愿意走，三六九"，意思是愿意回娘家的话，初三、初六、初九来，带点礼品。住几天随便，根据家庭情况。要是婆家有事就早点回去，一般住三四天，如果婆家不来人接，娘家人就给送回去。虽然现在很少有人搬闺女了，但据说现在刚结婚的年轻媳妇，至少头一年父母还是去叫她回来。

闺女来娘家主要是吃炒蝎豆子，如果不来，就给她带点豆子去。俗语说："二月二，搬闺女，炒蝎豆子。"豆子通常先泡泡晾干，把观音土土炒热了，再把豆子搁上，一起炒熟。俗话说："她娘说是饿的，她爹说是撑的。"意思是她爹就是不如她娘疼闺女。

二月初二闺女回娘家住期间，要看婆家忙不忙再决定回婆家的日子，到时仍是父母或其他娘家人再把她送回去。婆家在娘家人来接送儿媳时都很热情地招待。以前搬闺女都是闺女自己到娘家来，女婿一般不来，据说男的要在家干活。现在这个习俗没那么严格了，女婿要是愿意来的也可以来。另外，现在上门女婿很多，就无所谓搬不搬闺女了。此外，现代社会女性一

般都在工作，也不可能像以前那样遵从习俗，二月初二请假回娘家了。例如张克淦就说：“我们家的女儿出嫁以后，都没有搬。她们都在外面上班，有时候星期天回来。”①

闫振芷家收藏的结婚礼簿

此外，由于正月里不能剃头，二月以后才能剃头，所以很多小孩选在二月初二剃头，相对而言，这天大人剃头的少。讲究的人家平时给小孩剃头都要看日子，通常在水日剃头，据说如果选择火日剃头，小孩子头上容易长疮。

清明节有在门框上插柳树条的习俗。张克淦介绍说，这是因为不招蝎子、蚰蜒等爬虫。清明节还有吃煮鸡蛋的习俗。鸡蛋用清水煮或者用艾蒿一块煮。煮好的鸡蛋大多再染上颜色，红的、黑的，五颜六色很好看，当然也有不染的。小孩拿着鸡蛋相互碰着玩，最后鸡蛋给小孩吃掉。

五月端午包粽子，给闺女送去一些，送多少随便，有送 60 个的，有送 100 个的，这是因为闺女要拿去婆婆家分。一般来说，结婚前几年比较重视送粽子，结婚时间长的就不送了。五月初五这天还要给小孩子拴五色线，小孩早

① 张克淦，男，南下冶村人。访谈时间：2010 年 3 月 14 日。

晨还没起床的时候就给他拴好。自己把线绳染上五色，拴在小孩的手腕、脚腕上，有的还缝上一对小辣椒在那线上，辣椒把儿是蓝的，辣椒里面缝上芝麻。同时，人们还要把艾蒿做成心形的香包，用绳子拴了给孩子挂在脖子上。谁给孩子做都行，爷爷奶奶、爸爸妈妈都行。孩子长大以后就不戴五色线和香包了。

六月初六是出嫁的女儿走娘家的日子。闫振芷介绍说："割了麦子就来啊，伏日是走娘家的日子。六月初六是走娘家的日子，闺女到她娘家。来的时候不带东西，回婆家的时候还要拿些东西，拿些礼品。她没钱，父母就得给她买啊，或者从地里拔些葱、蒜之类的带回婆家。现在都给娘家买啊，那时候都给她婆家买啊！以前闺女上人家去啊，实际上娘家就不是她家了，婆家才是家，来到父母家就是客人了。"可见，以前很重视闺女要给婆家带东西，即使自己没钱，父母也要给她钱买东西，或者从娘家地里拔些葱、蒜带回去。从这些行为判断，以前娘家为了维系有利于自己女儿的生存环境，需认真对待甚至讨好婆家，这表明女方在婚姻关系中处于相对弱势的地位。现在的情况是"都给娘家买"，说明随着女方在家庭中的地位上升，加上女性经济独立，较少受制于婆家，从而能够比较自主地给自己父母买东西、尽孝心。

六月里割完麦子的农闲时节，出嫁的女儿通常和女婿两个人一块回娘家。以前一般会带馒头和点心，现在多是带酒、肉、鱼。一般女婿来了，女方娘家根据家庭经济条件，好酒、好菜很像样地招待他。因为民间讲究"疼女婿，为闺女"，善待女婿是为了闺女少受气，闺女在他家，娘家人图个放心。女儿和女婿吵架的话也会回娘家，这要看娘家人掌握尺度了，娘家人要是明理的话，一般会向着女婿（要是儿子和媳妇吵架了，向着儿媳妇），这样才能大事化小，小事化了。要是

抱着小孩的村民

向着女儿，女婿生气；向着儿子，媳妇也生气，这样不利于家庭团结。当然，也有向着自己儿女的，但这种情况很少，一般有教养、家风好的人家都不会这样做。

娘家父母一般可以去闺女女婿家做客，但闺女的公婆一般不去媳妇的娘家。只有娘家有人生病了，闺女的公婆才会来看看，除了看病人这个例外的场合，平时亲家两方不走亲戚。再有就是闺女娘家有人过世了，亲家会来人祭奠一下，出丧的时候会来看看。一般说来，“老公公不走儿媳妇子娘家”，这是讲儿媳妇的娘家不是老公公适宜去的地方。

八月十五中秋节在南下冶不太受重视。一般就是买点月饼，像有些地方中秋节有供兔儿爷、祭月之类的习俗，这边是没有的。那些定亲以后还没结婚的人家，会来搬媳妇，请未过门的媳妇来自己家住两天。对于刚出嫁的女儿，娘家要给闺女送月饼。以前本村种梨，丰收的时候还会送梨，此外还有送鱼的。送东西主要就是女儿结婚第一年送，以前有比较讲究的人家，年年送，有的出嫁女儿到了七八十岁，她娘家还是每年来送东西。当然婆家人也是很隆重地请客、招待。相对来说，闺女回娘家，则是空手回，娘家管饭，不过现在闺女回娘家也没有空手的。

过去几十年的“破四旧”、反迷信、移风易俗，很大程度上抑制了传统习俗的传承。后来虽然政策放开了，但乡村工业化、城市化又开始了，乡村社会方方面面都在嬗变。随着乡村社会越来越脱离农业，作为农耕文化一部分的节气、节俗不可避免地走向消失。我们在访谈中，经常听到一些老年人不无遗憾地说：“那是(20世纪)50年代以前了”，“现在没有过的了”，“现在都没有了……”

当然，传统节俗在渐渐消失的过程中，也并非没有复兴的希望。例如，九月初九是传统的重阳节，南下冶传统上这天主要就是喝点酒，庆贺庆贺，算不上多重要的节日。但我们听到不止一位老人提到，现在九月初九被改造成了“老年节”，比以前隆重多了。

三、工商业

在农业社会逐渐退却的同时，是建筑业、工商业的崛起，并逐渐成为南

下冶村民谋生的主要方式。我们在村里调研发现，几乎所有的年轻人、中年人都在从事非农行业。村里不仅男性工作，女性也在工作。他们工作的地点除了本村，还包括莱芜市及周边县市。有的甚至花了数万元培训费进行培训，然后去日本打工，当然工资也是国内的数倍。工商业的发展给村落带来的不仅是多一条生计之路，而且还深刻并广泛地改变了村民的生活方式。

两位受访村民都穿着公司的制服

南下冶工商业的发展是从集体化时期开始的。当时，农民被紧紧地束缚在土地上，人口流动不自由，除非由集体派出，否则自己不能出村工作。尽管从本质上来说，这一时期非农经济仍然是乡村集体经济的重要部分，有着种种限制，可是它毕竟为个人提供了新的生计途径。曾担任村建筑公司经理的刘成总介绍了自己在 1973 年参加村办建筑队的情况：

> 那个时候生产队牵着，不让你出去。我是 1973 年出去的。当时我出去是生产队拾阄（抓阄）拾着的。咱这个村是咱莱芜市第一家村办的建筑队。当时大家都想干，一个是当时规模没有这么大，另一个是在村里事多，所以要拾阄。说来个运动，你村里必须要用多少人。比如说俺这个村吧，让你用 100 个人，一个生产队就 10 个人，他干的活尽是没点效益的活。那时人口总共不到 1000 人，你用 100 人，就占到了人口的

10%，而劳动力总共也不超过200人。[①]

为什么那么多人愿意从事非农行业呢？因为收入高。开始时是个人和生产队三七分成，个人占三成；后来采取固定提成的办法，即每天交给生产队1.2元，算是“买个工”，剩余的都归自己。当时扣除生产队的提留，建筑队小工一天能分到0.375元，一年能挣百十块钱。在厂里推小车，搬运石头、沙子、砖头之类，一天甚至能挣4元。相比较而言，在生产队，一天平均只能挣0.2元多点，比外面干活挣的少得多。除此之外，在外干活，除了能提点钱，生产队还会额外给打工者算一个工。两方面加起来，在外边干活比在生产队干活收入会增加约1倍。那时候的物价是每斤肉0.72元，每斤盐0.13元，每斤麦子0.06～0.12元。另据村民闫家彬介绍，当时粮食每斤0.135元，棒槌（即玉米）是0.08元，地瓜干是0.077元。因此作为一个没有任何特殊技能的小工，以每天工钱0.375元来算的话，可以买约0.5斤肉、3斤盐、1.5斤麦子或5斤地瓜干。

担任南下冶学校保安的村民

① 刘成总，男，南下冶村人。访谈时间：2009年9月2日。如无特别注明，本节刘成总的话都是来自本次访谈。

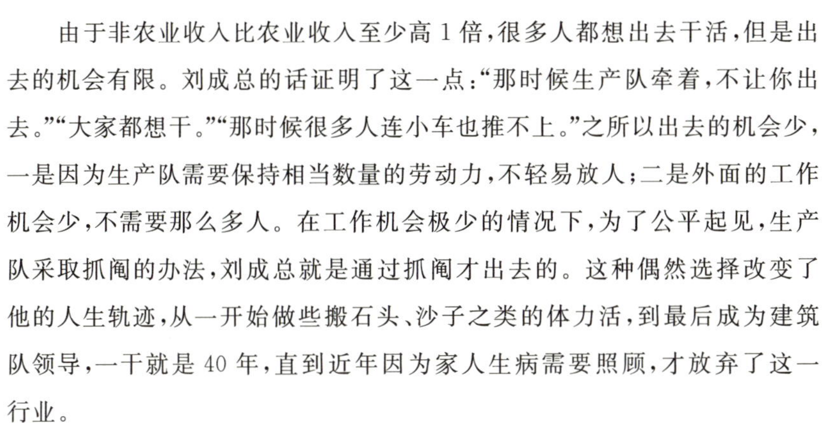

由于非农业收入比农业收入至少高1倍，很多人都想出去干活，但是出去的机会有限。刘成总的话证明了这一点："那时候生产队牵着，不让你出去。""大家都想干。""那时候很多人连小车也推不上。"之所以出去的机会少，一是因为生产队需要保持相当数量的劳动力，不轻易放人；二是外面的工作机会少，不需要那么多人。在工作机会极少的情况下，为了公平起见，生产队采取抓阄的办法，刘成总就是通过抓阄才出去的。这种偶然选择改变了他的人生轨迹，从一开始做些搬石头、沙子之类的体力活，到最后成为建筑队领导，一干就是40年，直到近年因为家人生病需要照顾，才放弃了这一行业。

抓阄选拔工人是一种相对公平的办法，但有时候事情并不那么公平。尤其是国有企业的招工，能进去就是有编制的工人，社会地位很高。据说1970年国有大企业莱钢招工时，很多人是通过关系才进去的。近年来，虽然去产能导致企业效益下降，工人工资不如从前，但据说很少有下岗的。村党支部副书记吕安亭说："莱钢那里一般都是正式工，俺村去得少。"[①]所以直到今天，老一辈人观念中的"工人"仍然指有编制的国企职工，仍有相当不错的社会地位。

1983年实施家庭承包责任制即"分地"以后，生产队的集体经济逐渐瓦解，普通村民越来越多地自由择业。与此相适应，从集体化时期开始，村里成立了一些集体企业，此后越来越多的企业成立。尤其20世纪90年代以后，私营企业建设、市场经济大发展，就业机会远超以前，村民收入也由此成倍增加。据村民闫家彬介绍："那会儿（指生产队时期）比较穷，在队里一天挣1个工分，1毛多钱。一天10分工，早起2分，上午4分，60～80年代都这样。到1990年，干一天工才合5块钱。从2000年以后，这才好点，一天挣二三十块，地毯厂效益好的，一个月能赚到2000来块钱。"当然，由于劳动市场不健全，工人的权益有时候也会受到侵害。尤其是年纪大的打工者，择业机会少，法律知识有限，更成为劳动力市场上的弱势群体。村民闫家彬说："你出去一年，累死也挣不到多少钱，有时候两年还要不回来钱呢。我前年干活儿的钱，要两年也要不回来。后来我胳膊疼，腿也疼。南下冶的建筑队，上

① 吕安亭，男，南下冶村人。访谈时间：2017年4月18日。

莱芜、莱钢，莱钢现在也放假了，也白搭。有点活儿就上莱芜，莱芜现在也不大行了，也没有活儿了。”①

近年来，除了本村原来的集体企业转制之外，颜庄镇、南下冶村通过招商引资招来了几家外地企业。这些企业效益好坏不一，也先后经历了所有权、经营范围的各种变化和转型，也有很多转型不成功进而倒闭的。无论如何，工矿企业在村民生计中占据越来越重要的地位，工矿企业作为村落经济的重要部分，有其历史与现实意义，下面就南下冶的一些主要企业进行简单介绍。

南下冶村公路边的小企业

煤矿 从村名推测，矿冶是南下冶非常古老的行业了。现在村西、村北方向仍有煤、铅、铜、锡等矿藏，尽管储藏量不丰富，但一度是村民经济生活的重要内容，至今村里还有“锡洞子”这样的地名。

现当代稍具规模、比较重要的是煤矿。根据金牛岭退休教师吕发亭的说法，大概 1949 年前就有村民私自打窑挖煤，和成煤泥晒干了自己用，并不

① 闫家彬，男，南下冶村人。访谈时间：2017 年 4 月 18 日。

用于售卖。1949 年后政府派人来查，认为村民是破坏国家地下资源，就不让开采了。可是，这样的非法采矿似乎并没有停止。随着村落经济生活的集体化，开挖煤窑变成了村集体的行为。公开的资料说，1968 年南下冶开办煤矿，用吕发亭的话说就是“老百姓联合起来自己打煤窑”。那时候还是手工挖煤，需要大量人力，“挖个大井，使人工，使那个大摇车，就和大辘轳似的，那么往上提水、提煤”。

1983 年，钢城区第二实业公司来南下冶建井采煤，带动了本村经济飞速发展。1997 年，南下冶煤矿发生瓦斯爆炸，根据公开报道，当时死亡 27 人。对于此事，村民至今仍然印象深刻。吕发亭说是死了 29 人，并说“瓦斯爆炸事件后又过了三四年，国家就全部叫停了”。[①] 我们查到的资料是，瓦斯爆炸之后的 1999 年，南下冶煤矿有限公司成立，注册员工人数为 138 人，估计规模并不大。近年来，受到煤炭去产能的影响，2015 年南下冶煤矿公司主动申请吊销生产许可证，煤矿关闭，土地复耕。

砖厂、藕池　1968 年，南下冶成立砖瓦厂，后由私人在村里承包了东、西两家砖厂，生产的砖头远销省内外。近几年来，由于政府治理空气污染等原因，2014 年 8 月砖厂停产。东砖厂、西砖厂的一部分被改造成藕池，同时也种葫芦，都是承包给原来砖厂的老板。根据 2016 年 9 月《莱芜日报》的一则报道：颜庄镇成立了“同盟莲藕种植专业合作社”，将 20.55 万元扶贫资金投入企业，帮扶南下冶村和颜庄村的 124 户贫困户 161 口人，通过安置就业和项目收益分红的形式扶持贫困户。合作社并将在年底前新上垂钓中心、餐饮项目，将此处打造成集休闲观光、餐饮娱乐于一体的田园综合体，届时年收入至少将会达到 200 多万元。[②] 报道发出后，先后由大众网、搜狐网转发。

2017 年 4 月《莱芜日报》的一篇报道，介绍了经理吕爱停从煤矿、砖厂转到莲藕种植的契机：

> 从煤矿下岗的吕爱停自主创业，承包了南下冶村的砖厂，但在 2014 年，经营了 8 年的砖厂却走到了尽头。面对已经挖得面目全非的砖厂，吕爱停犯了难，一时不知道怎么办才好，无奈之下决定改行，经营起了

---

① 吕发亭，男，南下冶村人。访谈时间：2017 年 4 月 18 日。

② 《颜庄镇南下冶村：扶贫钱栽出“连心藕”》，2016 年 9 月 27 日，http://laiwu.dzwww.com/xinwen/201609/t20160927_14958308.htm.

防晒膜，就是这次选择，改变了废砖厂的命运。

"有一次去郑州做业务，也是一个废砖厂，人家改造成了藕池种植莲藕，给人家干完活后，我脑子里有了思路，自己的废砖厂为什么不能改造一番呢？砖厂的土是黏性土，蓄水条件好。跟家里人一合计，说干就干，开始了对废砖厂的改造。那时候为了把烧砖时挖的大坑都填平，用了6万多方煤矸石，先后投资了260多万元，最终50多亩的藕池建了起来，并注册成立了'同盟莲藕种植专业合作社'，到现在已经有70多亩的种植规模了。另外，又造出了10亩的鱼塘，20亩的葫芦种植园。"吕爱停说。[①]

报道生动地展现了市场经济下，村民从为厂矿企业打工到转型创业的过程，也展现了面向市场的新农业的发展。正如任何企业一样，新的莲藕项目毋庸置疑能吸引乡村部分剩余劳动力就业。

南下冶村西边的一个藕池

① 张杰：《配角抢了主角的戏 "连心藕"输给宝葫芦》，2017年4月1日《莱芜日报》。

木工、建筑　民国时期，南下冶村的石匠、木匠、瓦匠在附近一带都非常有名，例如王丙夏和一位薛姓村民，两人都是细木匠。2010 年前后，村里还有一个人开办了木器厂，2017 年我们再去的时候，木器厂已经没有了。

另外，1973 年集体化时期村里成立了建筑队，后来改为建筑公司。2010 年我们去访谈的时候，建筑公司有四五十个人。当时刘成总甚至宣称："我们村 70%以上的劳力都是从事建筑行业的。"可见当时建筑行业吸纳劳动力的能力之大。建筑公司的职工大部分都是本村人，外村的也有，其承包的建筑工程主要是当地的，最远的建筑工程是在莱芜市里，有 30 多里路。现在建筑公司已经解散。

白灰厂　南下冶的一家民营企业。据相关资料介绍，改革开放后，村民李先华，抓住有利时机，大胆投资，10 年间资本积累达 300 余万元。现白灰厂雇工 40 人，自备货运车 6 辆，李先华自购桑塔纳轿车 1 辆，成为新时代本村第一个自有小轿车的人。白灰厂至今仍在经营。[①]

水泥厂

① 参见张兆清主编:《十卷书 · 村庄》第 9 册，第 27 页。

汽车内饰厂　莱芜众信汽车内饰材料有限公司位于南下冶村南。据吕安亭说，由于劳工短缺，现在年纪稍大的中年人也可以在内饰厂工作，但仅限于不超过55岁的人，月薪大概也是2000多块钱。

水泥厂　鲁碧水泥厂，位于村西北部，原是莱芜市莱钢集团下属的国有企业，现已改制，是南下冶村首屈一指的大企业，主要经营水泥、白灰、矿石等，现在效益也比较好。水泥厂给的工资比其他企业稍高，且工作较为稳定，管理比较规范。据说正式工可以股权分红，协议工的话也有保险和福利，南下冶有很多年轻村民在那里工作。

地毯厂　2012年，金牛岭南边新宜佳地毯厂成立，其产品主要是对外出口。2012年12月《鲁中晨刊》有篇朱国梁、吕娜撰写的报道：

正对着金牛岭南口的地毯厂

> 距离卧牛岭不远，一个硕大的广告牌上的“颜庄高新技术科技园”几个大字标明了其位置。在不远处，几间大型车间矗立在那里。“这是镇上的项目，落户在我们村，是家无纺高科技地毯厂，这一下就解决了村里100多名劳动力的就业。”王奉山介绍，以前村里道路都是泥土路，特别是卧牛岭，下雨后村民都穿着水靴，进进出出十分不方便。村里在区、镇党委、政府帮助下进行了多项配套建设，修建了东西四条、南北三

条共七条道路，村民们出行难的问题迎刃而解，也保证了项目的落地。他说："现在企业正在试生产，以前村民外出打工，现在村民能就近打工，更能在村里打工，收入也增加了。"①

但这个高新技术科技园的存在却被村干部否认了："这个没有，没有科技园，有时候报道也不准，《莱芜日报》也是不准。"

根据莱芜市国土资源局土地成交公示，该地块出让期限 50 年，成交价为为 350 万元。地毯厂占的耕地，以每平方米每年 1.5 元的价格给村民补偿，按照每亩地 600 平方米来算，一亩地每年可补偿 900 元。对于这样的价格，村民还是愿意接受的，尤其是现在种地成本高，收益有限，辛苦一年，收成也不过如此；且种地的多是老年人，他们更愿意土地被占。我们曾经访问过一位大娘：

问：咱们家的地没有占是吗？地毯厂有没有占咱家的地？

答：地毯厂都占了其他人的了，没占着俺们的。

问：那运气好。

答：运气好？闺女哎，干不了活了。给占了，占了给点钱买点饭吃算了。它要是占了，给咱钱，咱们不用下地了。②

地毯厂是该地公认效益比较好的企业，在村里偶尔能看到穿着"新宜佳"工装的工人经过。上述 2012 年的报道说有 100 多名村民在此工作，而我们 2017 年访谈时据说有数百名村民在厂里工作，受访人称这些村民都是协议工，除了班长，普通工人一般没有保险。一般的男劳力，做皮子的，工作日干全了，一个月 3000 元。调料工，又脏又累，一个月 3000 多元。对于一般员工而言，每月拿 2000 多块不成问题。"五一"劳动节的时候公司组织员工旅游，前年去的泰山，去年去的青岛。

商店　南下冶村历代以农为本，但在经营方面，也不乏精明之人。村民闫承先，在 20 世纪 20 年代孤身闯关东，后来在青岛经商，累计资本达 800 万元，他自有火轮船 2 艘，后又创办了"德增祥汽水公司"，从青岛、博山、泰安、济南至莱城、颜庄均有分店。

随着村办企业被私人承包，经营管理方式改革，一部分人选择了靠自己

① 朱国梁等：《秀美颜庄之南下冶村："卧牛"崛起生活美》，2012 年 10 月 17 日《莱芜日报》。
② 吕同教妻，女，南下冶村人。访谈时间：2017 年 4 月 19 日。

的手艺或力气外出务工养家，或者去镇上、市里开店、投资，当起小老板，把生意做得红红火火。根据2010年访谈的结果，村里做买卖的人也不是很多，买卖主要集中分布在钢城市区。

对于打工的收入，村民普遍都比较满意。有村民告诉我们说，2009年的时候，村里除了几个富户，大部分村民收入比较平均。村民打工、干建筑的多，家里夫妻两个都工作的话，一年二三万不成问题，衣食无忧。这两年，部分女工回家生二胎去了，就业市场还是比较广，45岁的中年人也能在本村厂矿中找到工作。2012年《鲁中晨刊》的记者到村里采访，引用村支书兼村主任闫家群的话说："村里有煤砖厂、建筑公司，现由个人经营，还有很多村民搞买卖，村民也都就近打工，村民人均年收入也达到了9000元左右。村里65岁以上老人还享受到了200元的福利。"按照当时的收入标准，本村人均年收入已经高于莱芜市农民的平均年收入。

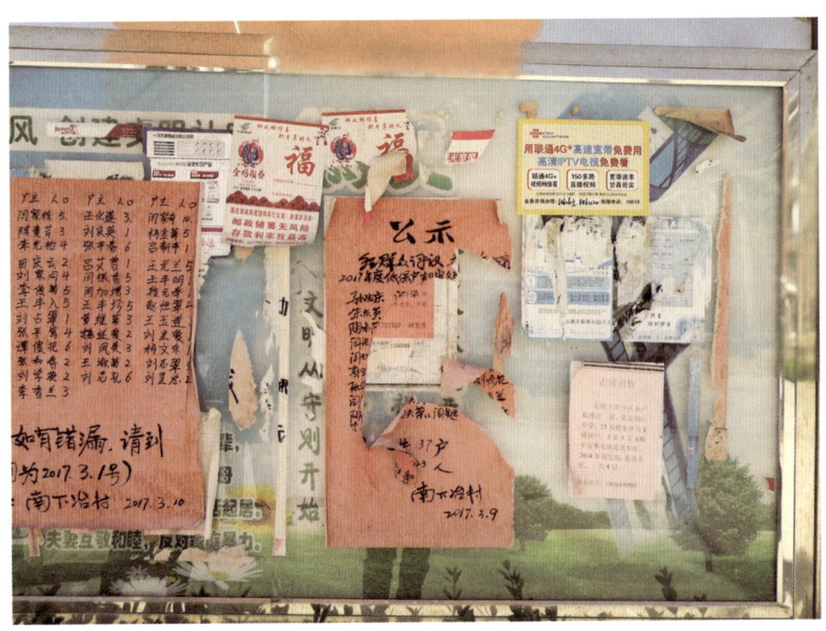

南下冶小区内公告栏贴的商业广告

过去几年村民工资上涨颇快。2017年我们再去采访的时候，村党支部副书记吕安亭说，年轻人在地毯厂、水泥厂做协议工，一般工资是2000多元，而且有养老保险，干到老了退休，生活有保障。我们在金牛岭上访谈到两位

大娘，其中一位说："现在都在厂子里干活，有的在私人厂里干，有的在公家厂里干，没有闲着的。现在地也不多了，有点儿地也捎带着种，一早一晚的干点，再没有花很长工夫种地的啦。"另外一位大娘是退休教师，她家的孩子都在厂子里干活。她说："都出去干活，干一天活的钱就能买一袋子面。现在不像那老封建似的，在自己地里没黑没白地干，还不够吃的。现在多好啊，有钱花，也有粮食吃。"的确，跟种地收入相比，现在收入好多了。

村民们对当下生活普遍较为满意，尤其是经历过艰苦生活的老年人，幸福指数很高，我们在村里做访谈时，随处都能感受到这种积极乐观的态度。当然，也不是所有人从乡村工业化中受益均衡，尤其年纪偏大、支出偏重但又缺乏打工收入的人，受益相对较少。例如，2017 年 4 月，我们曾在闫家街访谈到一位村民，他本人只有已成家的女儿，没有儿子，所以无法从晚辈那里获得多少接济。但是这夫妻两人年纪大了，家中还有八九十岁的老母亲要赡养，因此生活、医疗等方面的开销比较大，生活还是相当窘迫。下面是我们的一段对话，以 B 代指该村民，R、H 则代指访谈者：

> R：地没有了，收入怎么办？
>
> B：出去干点活，咱们破老头子是没办法了，年轻人可以出去。破老头子，地也没有了，钱也没有了。出去干活，50 岁以上的人家不要。原先分的一口人一亩多地，现在半亩地，甚至是二分地也没有了。破老头子，活也没有活，钱也没有钱，地也没有地了，唉。
>
> H：您多大年纪？
>
> B：65 岁了，干不动了。但是干不动还是想干啊，得吃饭啊。
>
> R：年轻人出去干活的多吗？
>
> B：多啊。去莱钢的，去莱芜的，都是自己找活干。另外就是这边一个地毯厂，这个效益好点。不过老头子白搭，看门都不让看。
>
> H：鲁碧水泥厂有吗？效益还可以吧？
>
> B：有，是莱钢的，是 1970 年过来的，那有莱钢支持它。那个老百姓去不了，那是工人去的。就现在破老头子，吃不上喝不上，一个月给你百十块钱。你想干活去？哪儿都不要，有点地还好点，种点玉米啊、麦子啊，现在要地没有地，要钱没有钱。

这种抱怨表现了在乡村工业化过程中，有些农民失去了生产资料和就业机

会,无法分享工商业发展带来的成果,有很强烈的无力感。随着少子老龄化社会的到来,年纪大又没有退休金的村民,养老是个切切实实摆在眼前的难题。正如我们在原来南桥路口了解到的信息那样,年纪大的村民,工厂一般不收,他们缺乏生活收入来源,只能靠儿女接济及微薄的政府养老金过活,由此平添了许多的牢骚与不满。所以,针对这些贫困户,完善社会保障体系,应是政府与社会努力的重要方向。

四、公共建设

自然地理环境的优势加之便捷的交通,使得这里的人们经济生活相较周围村落更为富裕。村里保留着清朝中叶修建的吕家祠堂和老宅子这些古旧建筑,虽然祠堂仅存的门楼和堂屋,也已斑驳不堪,但其规模和格局依稀透出吕氏家族曾经的繁荣。近年来,随着工商业的发展、村财政的改善以及国家政策扶持力度的加大,村落的各项公共建设有了很大的进步。

工矿企业发展需要一定的基础设施,因此本村的道路等基础设施逐渐得以完善。早些年,东边的潘西煤矿、西边的莲花山发电厂以及莱钢在本村设立的采炼钢石的矿为了解决运输问题,修建了一条铁路,直通村边,现在这条铁路已荒废,仅存部分路基。另外一些基础设施则更为重要。例如,1996 年在鲁碧水泥厂援助下,村里投资了 40 余万元修建村级水泥路。南下冶建筑队的负责人刘成总说:“那时候村里修上水泥路的,我觉得我们村在钢城区是第一家。边上的房子和路是同时规划起来的。”[①]2004 年,在村干部的反复请求下,鲁碧水泥厂再次慨允援助村里修路,修通了从 205 国道进村的千米公路。到 2007 年,全村共修路 6000 多米,并实现了道路的硬化、绿化和亮化。[②]

后来,随着工矿企业增多,土地租赁费成为村集体主要的收入来源。2017 年,村党支部副书记吕安亭介绍说:“土地承包费,占咱们的地,有协议

① 刘成总,男,南下冶村人。访谈时间:2009 年 9 月 2 日。

② 参见周慎宝:《还是那条抬杠街》,2008 年 7 月 16 日,http://blog.163.com/zhshb123456@126/blog/static/21885103200861611163380 2/.

价格，4 万块一亩每年。放在镇上有二三百万元。咱得给老百姓开钱。”①由于工厂是镇里招商招来的，协议也是镇里与工厂签订，所以每年的承包费都存放在镇里，共计二三百万元。这笔承包费，部分用于村民被占用土地的补偿。近年来，村里认为这笔钱如果用于投资，其经济效益和社会效益会更大，例如设立扶贫基金，再比如用于村里的修路等公共工程。现在村里如果要修路，经费除了“上头的政策给的钱”之外，主要就是来自村里的土地承包费。

村委大楼前面的公路及两侧商住楼

2009～2010 年，我们在村里进行田野调查时，直观地发现本村用于公共基础设施的投资不少。村委会的规模与建制要好于其他村子，村委大院中，图书室、电子阅览室、职工活动处、会议室等一应俱全；村委旁边小学校园里的三层教学楼粉刷一新，教室宽敞明亮，令人刮目相看；学校对面的多功能活动广场，乒乓球台、篮球架等运动器材应有尽有；竖立在广场边上的液晶屏幕更让人赞叹不已。不论是健身还是娱乐，都因为良好的经济条件而格

① 吕安亭，男，南下冶村人。访谈时间：2017 年 4 月 18 日。

外便利，村里的私人诊所、餐馆、商店、出租汽车等都给人们的生活带来了方便。该村当时人均年收入已达到七八千元，在周边村落中无疑是佼佼者。这七八年来，村委会搬进了新大楼，村里建起了新小区，路也更宽了，这些说明公共建设在持续进行。

村里的公共投资还包括自来水。2009 年我们访谈村民闫奉信的时候，他介绍说："咱们村里喝的水都是打的深井水，有压井；以前水是来自村里的大井，村里打了好几口井。2000 年又打深井一眼，现在全村喝的是自来水。水井里的水够喝的。现在这个自来水，不像以前那么浑了。"[①]也就是说，通自来水的头几年，水质的确改善了。

不过，最近几年，由于水质变差，村民们放弃了自来水，喝起了桶装水。一位村民告诉我们说："地下水污染了。那个地毯厂没建的时候，岭上有个井，俺庄有个井，还能喝水。它过来之后，从那个井打上的水，咱们也不知道怎么回事，就慢慢地不大好喝了。"[②]于是，原来的自来水就专门用来洗衣服用，而饮用水就都是从颜庄购买了。颜庄镇有好几家送桶装水的，开着大车，直接到庄里来卖，平均每大桶1～1.5元，一大桶 30 升，约 30 公斤。一桶水够家里的两三口人喝上四五天。本地工矿企业带来的环境污染，这已经不是第一次遇到了。工业化过程中的负面效应，关系到群众的日常生活，并可能影响到舆情，值得重视。

村民买水用的水桶

颜庄镇、南下冶村还提供了其他的公共设施和公共产品。例

① 闫奉信，男，南下冶村人。访谈时间：2009 年 9 月 2 日。

② 闫姓村民，男，南下冶村人。访谈时间：2017 年 4 月 18 日。

如，老人的基础养老金，在政府补助的基础上，村里再补贴一部分。在医保这方面也有补贴，现在村里有卫生所，镇上有卫生院。村民吕同教的妻子说："现在个人拿180元的医疗费，公家补贴可能200多元，按人头来说，一个月一个人能补贴三四百元。不过卫生院一般没有多少能治病的药。若患有大病就得上外头买去，外头买药就不报销了。卫生院买药能报，但是没有药。还得去外头买，现在花钱就花到这上头了。"①村民的大病则可能需要去济南的大医院。除此之外，村委斜对面颜庄镇中心幼儿园，是镇里的公办幼儿园，村民可将小孩送去入托。另外，村里还有私立的托儿所。

经济的发展改善了村民的居住条件，人均住房面积由原来的10平方米增加到45平方米以上，一户一院。1998年，15户村民修建了商住楼，总建筑面积达1535平方米。此后，在2009年前后，政府有了新农村规划的政策。南下冶村积极响应政策，决定推动旧村改造，在村南毗邻颜庄的地方兴建了新式小区，让村民从原来的平房搬到新建的居民楼里。2009年的时候，村文书闫家生给我们介绍搬迁一事：

颜庄镇中心幼儿园

① 吕同教妻，女，南下冶村人。访谈时间：2017年4月19日。

> 现在村民人均收入七八千块钱。目前对于村落搬迁一事，绝大多数村民都是愿意搬的，不愿搬的通常都是一些老人什么的。村民搬迁之后，现有房子的处置问题，主要有两套方案：一是变成工业用地；第二套方案是尽量压缩一下，而不是全部搬迁。现在关于这两套方案还没有最终定下来。具体来说，方案是由区规划局做出的，因为就镇上来说，这是无法操作的。[①]

旧村改造力度很大。几年后，新式的居民小区已经建起来，名为"温馨花园"小区，部分村民已搬到了楼上。2012 年 10 月，《鲁中晨刊》的记者入村采访建设成效，后来写了篇新闻报道：

> 记者跟随张克淦进入居民区。一进入他的家门，只见室内面积宽敞、装修精美，沙发、冰箱、彩电等，一应俱全。
>
> 73 岁的张克淦告诉记者：原先住的是瓦房，1986 年盖起来的，后来子女多了，居住空间小了，1994 年，我又在上面接了一层。当时虽然也算是楼房，但整体条件差，跟现在的没法比啊。"现在楼房面积 130 多平方米，去年年底拿到了钥匙，装修后今年 4 月份搬进了新房，光装修就花了 7 万多元。"

75 岁的苗成学在村里帮忙，他还没有分到新房。他说："第一批房子早就抢没了，这边房子刚交工又没了，我只能等下一批了，年后就能入住，我可盼着早搬进去呢！""村里 2009 年被列为省增减挂钩试点，2010 年拉开了旧村改造的大幕，第一期工程建设居民楼 11 幢，能容纳居民 284 户；二期工程 7 幢居民楼，可容纳居民 180 户；目前又新开工建设了 9 幢。"闫家群指着居住区效果图介绍："咱现在的位置就在这儿，那个泰山石的位置，我们正在平整、绿化，有假山，有层层瀑布，想将这里打造成供村民休闲娱乐的小广场。不出几年，我们这个效果图就会变成现实，南下冶村村民一定会有美好的明天。"[②]

据 2017 年村党支部副书记吕安亭介绍，村里盖楼房是通过招标的方式，请莱芜的建筑公司负责建盖。至于建房的资金，他说："村里有钱就给你，没

① 闫家生，男，南下冶村人。访谈时间：2009 年 9 月 2 日。

② 朱国梁、吕娜：《秀美颜庄之南下冶村："卧牛"崛起生活美》，2012 年 10 月 17 日，http://www.laiwunews.cn/html/2012/1017/68143.html.

钱就拿楼房顶给他。”当然一部分资金来自村民的购房款，村里实行拆老宅、搬楼上的办法。据村民闫加彬介绍，拆迁的宅基地每平方米补偿350元，而楼房售价是每平方米是780元，这样一套楼下来，村民要再贴数万元。村里在楼房定价方面是给了村民很大优惠的；如果外地人来买，价钱会贵很多。

由于楼房生活条件、基础设施都比原来的村里好，所以还是有不少村民愿意搬迁，年轻人尤其踊跃。2010年访问的时候，我们问一位姓苗的大爷愿不愿意搬进楼里，大爷说：“咱住那个就不方便了，人家青年愿意啊！”就我们了解的情况，尽管部分老人不愿搬迁，但由于小区配套条件较旧村好，因此愿意搬迁的老人也不少。正如前述《鲁中晨刊》的记者采访的时候，已经搬到楼上的退休职工张克淦就说：“南下冶村的村民勤劳、淳朴，修路、旧村改造让我们感受到了村里的变化。村民在村两委领导下，一定会将南下冶村变成远近闻名的先进村、文明村。”这话并非表面之词。2017年我们访问时，吕同教的妻子跟我们说：“在这边住就是五六月下雨不方便，路不好走，水流不出去。要是路好走，住这边挺好的。”①

南下冶村“温馨花园”居民小区

① 吕同教妻，女，南下冶村人。访谈时间：2017年4月19日。

对于尚未搬迁的村民来讲，不愿搬迁的原因有多种。例如，有的老人嫌上下楼不方便，不适应楼里的生活；有的村民嫌户型大的房子总价太高，所以在等待供不应求的小户型或“老年宅”。村民吕同教的妻子说：“也不是没钱，以前他们说有老年宅子，俺报了老年宅，还没有建成。现在的都 130～140 平方米，太大，之前盖的只有一小部分是 90 平方米的，排不上队，只能等下次再盖的了。”①

还有的村民的确是没有钱补齐购房的差价。村民闫家彬给我们算了一笔账：楼房一般是 120～130 平方米，总价 15 万元，加上装修总共要 20 万元；拆迁一般有五六万元补偿款，另外差额的七八万得自己兑上。在算完这笔账后，闫家彬补充说：“俺老百姓搬不起，哪有钱啊！”②的确，楼房看似总价并不高，但对于没有工作的村民而言，却是一笔不小的数字。退休教师闫振芷也说，主要是很多村民买不起，“我在公家干了那么多事，多少有点工资，凑合着给我孩子买了一户，在那里住着”③。

还有的没拆迁是因为“新的政策”。有村民曾跟我们说：“政策下来了，后面就不拆了。”究竟是什么新政策呢？一般村民说不上来。对此，退休教师闫振芷推测说：“这一天我看报纸读到有一个‘留住乡愁’的报道。看了里边已经提到，就是说目前政策不成熟。”④村民闫振兴说：“他不是盖了楼搬迁嘛，新农村规划啊，但现在有的搬不动、拆不动啦，这不是国家一亩地补助 13 万块钱嘛，就是拆出的这一亩地来。”对于不搬的村民，闫振兴告诉我们：“不搬的人家房子还在这里，属于宅基地，国家原先的政策，不允许动这个宅基地，你愿意拆你拆，你不愿拆你不能强制拆。”⑤

原来的旧宅由村里负责拆除，据村民说村里派“两个挖土机，两个大车”来拆。房屋拆除后，宅基地被收归村里所有，据说以后打算由村里重新分配或用来建厂用。目前，由于村里拆得七零八落，已拆地基难以连成一片，这样的土地暂时也不好统一再开发。在拆迁没完成的情况下，这些名义上的集体土地怎么处理呢？金牛岭上的吕发亭说：“现在都拆了不少，挖了，变成

① 吕同教妻，女，南下冶村人。访谈时间：2017 年 4 月 19 日。
② 闫家彬，男，南下冶村人。访谈时间：2017 年 4 月 18 日。
③ 闫振芷，男，南下冶村人。访谈时间：2017 年 4 月 18 日。
④ 闫振芷，男，南下冶村人。访谈时间：2017 年 4 月 18 日。
⑤ 闫振兴，男，南下冶村人。访谈时间：2017 年 4 月 18 日。

地了，也没人种，谁抢了地谁种。”[①]我们在另外一个场合，探听到村里基本上是这样的处理态度，即谁家地基谁耕种，假如原拆迁户自己不愿意耕种，就可以给别人无偿耕种，通常是由住在附近的邻居耕种。在这种复耕地上，村民一般就是种些蔬菜、花生之类。

旧村刚拆迁不久的房子

村民的日常生活也在商品化、市民化。近年来，南下冶及其周边的各村镇工商业繁荣发展，现在不仅颜庄镇上商铺鳞次栉比，连西庄、南下冶这样的村子，沿街都建起了店铺或商住两用楼，村与村之间的界限几乎消失了，它们与颜庄已经连成一片。工商业的发展使得农村经济日益商品化，现在村民连吃的普通食物也都到镇上去购买了。有一次我们去访问吕同教大爷，他不在家，后来得知是去超市买鸡蛋了。吕大爷回来后告诉我们："超市的鸡蛋怪便宜，它限时限量的，9 点才开始卖，得排队。"这跟城市里的超市促销、抢购几乎一样了。

不过，除了现代化的超市，南下冶附近还有更传统的集市。颜庄集市位于颜庄镇颜庄村的中心街上，旧时为莱芜地区重要的物资交易市场之一，逢

① 吕发亭，男，南下冶村人。访谈时间：2017 年 4 月 19 日。

五、十为颜庄大集，逢三、八为西沟小集，周围十里八村的人们都来此赶集。如今，尽管村民越来越习惯去镇上、村里的超市、商店购物，但它们并不能完全取代传统集市在百姓生活中的作用。集市具有从满足现实生产、生活到满足精神需求等多种功能，是提供品种齐全的现代商店所无法比拟的。

南下冶居民小区附近西沟村的集市

村民在集市上进行物资交换的同时，也走亲访友、保媒说亲，这丰富了村民的日常生活，通过集市这一媒介来交换知识、交流思想、改变观念也是乡民所乐之事。伴随着业务往来的人际交流，在集市辐射范围内的南下冶村于这一带格外活跃，集市上信息的交流更是对南下冶村的形象和名声的传播产生了深远影响。此外，无论是来村里走街串巷揽活的手艺人，还是来此倒买倒卖货物的小商贩，都和南下冶民众的生活交织在一起，互相影响，从经济到精神活动无一例外。这些村办企业给村集体带来经济效益的同时，也给村民的经济生活带来重要影响。更为重要的是，这些商业活动激活了村民的经济头脑，越来越多的人开始走出村外，运用自己的聪明才智干事创业，开拓广阔的天地。

南下冶村民虽是累世农耕，但也很重视文化教育。村里办教育的历史非常悠久，清朝时就有专门校舍。村民闫绍猷曾是本村较早的私塾教师。1949年以前，南下冶村学有成就的是闫绍孔。据《闫氏族谱》记载："闫绍孔，字卓堂，号圣泉，清秀才优增生，授七品职衔。民国后历任莱芜县议事会议长、县农会副会长职。"闫绍孔善写文章，敦好人品，当时县令曾赠金匾，题曰"德艺绝伦"。

南下冶村小学

中华人民共和国成立后，村里成立小学，尽管这时候的教育体制还有不完善之处，但毕竟在国家层面逐渐普及了初等教育。村民闫家彬曾说："那会儿上到五六年级，就称'完小'。在俺村上完之后，去了邻村。那会儿不考试，都是推荐，看着谁能行，就推荐你上学去，不行的就不要了，是那么回事儿。而且上了几年也是白搭，回家还得干活，还得挣吃的。"[①]尽管不是人人都可以上学，上学也不一定能改变务农的命运，但至少对提高识字率、减少文盲有所帮助。

1973年，当时泰安五七干校下放了一批干部到南冶下村，包括文化干部

① 闫家彬，男，南下冶村人。访谈时间：2017年4月18日。

和技术干部，这不仅推动了村里的文化教育的发展，而且对村里的玉米品种的改良做出很大贡献。1974 年开始，南下冶村作为知识青年劳动基地，接受了三批莱钢下乡知识青年，共计 40 余人，其中有若干人在恢复高考后考上了大学。不仅如此，这些干部、文化人下放到农村，进一步吸引了乡村有志青年学习科学文化知识。

自 1977 年恢复高考后，村里的大学生人数迅速增加。根据 2003 年出版的《十卷书·村庄》一书记载，到那时村里已经有 63 人先后考入全国各类大专院校。第一个大学生是狄元孝，现任山东省建筑工程审计厅科长。第一个硕士研究生是孙玉芳，现在在北京农业发展研究中心工作。第一个博士研究生是刘承普，其父早丧，家境贫寒，每逢假期，他就去砖厂打工，1995 年考入山东师范大学，1999 年考取硕士研究生，2002 年考取上海大学博士研究生。刘承普品学兼优，在山东师范大学学习时，因其母有病，就带母入校学习，《大众日报》《莱芜日报》均作过报道。① 我们在村里访谈的时候，村民提起他在艰苦条件下刻苦攻读的事迹仍赞不绝口。如今，村里的大学生已经比比皆是。

随着村财政的改善，村里也加大了对教育的支持力度。例如，2010 年编写的《南下冶村计划生育村民自治公约》就规定：本村各户子女如考入本科院校，一次性奖励现金 600 元，考入专科院校一次性奖励现金 500 元；独女户、双女户子女升入大学（本科以上），一次性奖励 1000 元。与此同时，按照当时的计划生育政策，村里对于晚婚晚育、领取独生子女父母光荣证的人，也分别给予现金奖励，这也是村里逐渐富裕之后才可能出现的现象。

2009 年，村里成立了新领导班子。新班子决定热闹一下气氛，于是连续几年在元宵节后请戏班唱戏。2009 年 2 月 12 日，即农历正月十七，是该村第一次请戏班唱戏。对此，2009 年 2 月 19 日的《莱芜日报》有专门报道：

> 2 月 12 日一大早，钢城区颜庄镇南下冶村的文化广场上就坐满了前来看戏的男女老少。原来，为了给牛年开个好头，南下冶村两委特意邀请河南省郑州市豫剧二团到村里演出，让乡亲们看到了原汁原味的豫剧。近年来，南下冶村的村容村貌焕然一新，集体经济也不断发展壮

① 参见张兆清主编：《十卷书·村庄》第 9 册，第 26 页。

大，2008 年该村人均纯收入达到 6500 元。在钱袋子渐渐地鼓起来以后，大家对文化生活的需求也不断提高。知道村里要举行戏剧演出，村里的 20 多位个体老板纷纷慷慨解囊，最多的一位一下子拿出了 6000 元。据了解，这是 70 多年来，村里头第一次唱戏。能在家门口看上戏，65 岁的张京笃老人心里格外高兴："这几年俺村变化很大，老百姓的生活也越来越好了。这不刚过了年，俺又看上戏了，心里非常高兴。"

由村里出面邀请戏班，20 多位个体老板出钱，可见当时无论是集体经济还是个体私营经济，已经有了相当程度的发展，有能力满足日渐富裕的村民对精神文化的需求。2010 年 3 月 2 日，即农历正月十八，村里第二次请戏，当年演出的是河南豫剧团，一共演出十一天半，每天演 3 场，每场 700 块钱，一共花费 2 万多元。村里给他们提供一些民房住宿，他们自己带炊具、粮食等做饭吃。

附近北下冶村唱戏的场景

据当时村文书闫家生介绍，当时的演出路线是颜庄—南下冶—北下冶。可见村里请唱戏并非是南下冶一村独有，附近各村也有，是普遍情况。当时

退休教师闫振芷说:“元宵节啊,现在各庄都赞助得多了,原来就十四开始唱戏,十五一天,晚上再演一次就完了。现在各单位赞助得多了,唱戏的时间就多了。这几年都是大队拿钱,个人捐款主要是那些做大、小买卖的,区政府也拿一些钱。”①

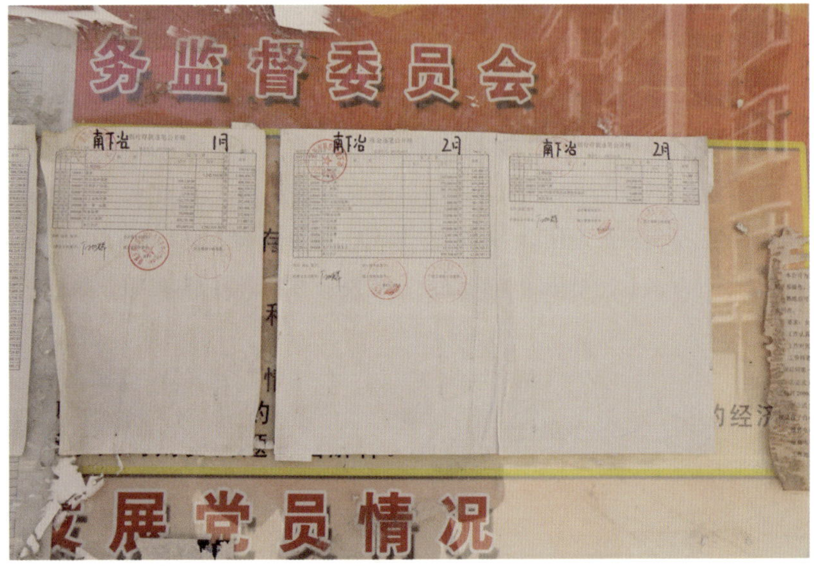

村里的收入支出逐月公开榜

① 闫振芷,男,南下冶村人。访谈时间:2010 年 3 月 13 日。

第三章 祭　祖

一、丧　礼

丧礼作为最基本的人生礼仪之一，不仅是人们孝亲观念的表现，更是复杂的社会文化现象。在民国莱芜地区的文人看来，本地丧俗是礼俗并存，“士大夫家”和“小民”有各自不同的丧葬仪式，而需要改革的是“小民之陋俗”。民国《莱芜县志》载：

> 丧家初丧，朝夕哭奠，遇七则祭。比葬，先一日题主，夕奠，行三献礼。殡日，亲友吊，墓奠礼与夕奠略同。葬毕，反主于庙，行虞祭礼，此士大夫家所行多合《家礼》（此指《朱子家礼》）。此外，有作佛事者，有赴土地祠送浆水者，有丧之次夕，祖祭于门外者，盖小民之陋俗，士大夫不尽然也。
>
> 殡日，邀亲友设祭筵于墓，多者七筵，或五筵，至少者亦三筵。棚帐云连，悬灯结彩，设祭家争奇斗靡，聘庖师之专门作祭品者，为之金齑玉脍，桂肩琼浆，被以水晶之脂，饰以藻缋之文，文光采眩，一筵可值数百千，虽王公之贵，无以逾此也。其陈列古玩，不设食品者，曰“清祭”。鼎彝书画，宣炉成盘，古色斑驳，观者如入山阴道上，应接不暇，几忘其为

丧家也。此俗太侈，殊违夫子宁简毋奢之训。然近二十年来，此风渐息，物穷则反，亦必然之势也。①

萊蕪縣志卷之七

地理志

風俗

自權利之禍中於人心破家族剷親權亂男女蔑尊卑長幼盡棄吾中國數千年之禮俗教治而從事於其所謂平等自由之說倡於海濱蔓延於二十二行省之通邑大都而風俗遂至於不可問然禮失而求諸野窮僻之鄉耕鑿之民其流風善政則猶未盡泯也孔子稱十室必有忠信偏方下邑民淳氣樸忠信之質未漓故奇衺無由而入而猶有先王之遺意存焉知此者可以觀吾萊之風俗矣

萊蕪縣志　卷七　地理志　風俗　一　濟南啓明印刷社承印

娶婦擇詩書孝友之家先懇媒氏通言然後卜吉具啓託媒氏致女家女家即日回啓兩家皆盛筵款媒氏吉期前二日復具衣飾及禮物送女家曰催妝屆期告廟婿與親迎女家延賓以俟婿至宴畢賓導入內室行二叩禮入座飲酒三杯女家簪花於婿帽以紅綾繞婿肩婿離席謝主人固辭乃已婦入門與夫拜於庭是夕合卺明日見舅姑及家人各有贄廟見（無廟者祭於寢）三日女家餽食物迎女回門其不親迎者女家以一輿送女餘禮節與親迎同或婿俟於道不至女家不曰親迎曰大迎

喪家初喪朝夕哭奠迨七則祭比葬先一日題主夕奠行三獻禮殯日親友弔祭奠禮與夕奠略同葬畢反主於廟行虞祭禮此士大夫家所行多合家禮此外有作佛事者有赴土地祠送漿水者有喪之次夕亂祭於門外者蓋小民之陋俗士大夫不盡然也

殯日邀親友設祭筵於墓多者七筵或五筵至少者亦三筵棚帳雲連懸燈結綵設祭家爭奇鬬靡聘庖師之專門作祭品者爲之金齏玉膾桂屑瓊漿被以水晶之脂飾以藻績之文光采眩目一筵可值數百千雖王公之貴無以踰此也其陳列古玩不設食品者曰清祭鼎彝書畫賞爛成盤古色斑駁觀者如入山陰道上應接不暇幾忘其爲喪家也此俗太侈殊違夫子寧儉毋奢之訓然近二十年來此風漸息物窮則反亦必然之勢也

士大夫家有祠堂者遇喜慶有祭歲時有祭祭畢合族人享之

萊蕪縣志　卷七　地理志　風俗　二　濟南啓明印刷社承印

元旦祀神祀先拜尊長親友亦互相拜賀

自正月初三日至十五日鄰曲爭以酒食相邀曰節酒

立春前一日觀迎春食蘿蔔曰齩春

上元家家上燈於墓闔中祀蠶神造麪繭以高下相勝爲戲蒸麪燈十二盞十二月以蒸後水氣之多寡卜每月之旱澇又以燈蘂覘五穀如粟蕊則收粟麥則收麥是日兒童扮竹馬各戲士女相率出游曰走百病

二月二日炒蝎豆家家用箕注灰作廩囤於庭或屋內曰引龍填倉

二月初三日塾師率弟子祭文昌（自科舉停後此禮漸廢）

民国《莱芜县志》关于丧礼的记载

① 民国《莱芜县志》卷七《地理志·风俗二》，1922 年铅印本。

该方志纂修者反对的主要是两点：第一点是违反礼制的丧俗，包括做佛事、送浆水、门外祭祖等；第二点是丧礼的奢靡之风。纂修者希望进行丧俗改革的原因，并非是为了使之适应民国时期新的社会环境。恰恰相反，改革的目的是为了在乡村寻找没有完全消失的“流风善政”，发扬传统社会的“忠信之质”，以对抗民国以来所谓的“破家族，削亲权，乱男女，蔑尊卑长幼，尽弃吾中国数千年之礼俗教治”的状况。[①]

90 多年过去了，莱芜社会发生了深刻的变迁，传统风俗也经历了很大变化，但丧葬改革似乎仍是未完成的课题。尤其是近年来，农村的丧葬改革究竟哪些改了，哪些没改？现在的丧事是如何操办的呢？对于什么样的丧俗是“好的”，普通村民又有什么看法？

我们多次就丧葬仪式的操办方式访问村民，大致印象是村里的白公事基本上是各姓自己办，村里没有统一的红白理事会。例如，2009 年，我们问苗成学老人有没有专门来治丧的人，他回答说：“有啊，主家说怎么治就怎么治。”在他的理解中，主家全权自主，是否邀请治丧专家、丧事细节都需要征求主家的同意。我们追问大队是不是出人帮忙，苗成学说：“咱这里不，除去退休人员、党员、当干部的，这个大队买上个花圈，拿上两个钱到那里，意思就和追悼会追悼似的。”[②]也就是说，除非公职人员去世，村委一般不参与私家的丧礼。

无独有偶，2010 年，退休教师闫振芷告诉我们说：

> 白公事这一套，我们这个村风俗最好、最简单！咱村没有治丧委员会，传统的吧，就是一伙子人，他们比较热心，给人帮忙。人死了以后，找了办事的人来，就是谁知道这些事多，谁懂得多就找谁来。现在都是各家治各家的了。闫家就治闫家，吕家、张家、刘家、王家等，都以家族为单位，小姓家族的话，其他人会来给他帮忙。大家都很主动，主家不用找也会自己去。[③]

也就是说，主家请村里的仪式专家主持治丧，其他村民尤其是本家的人主动来帮忙，毕竟“白公事”这个词就表示村人将其视为“公事”，自愿地参加。

---

① 民国《莱芜县志》卷七《地理志・风俗一》，1922 年铅印本。
② 苗成学，男，南下冶村人。访谈时间：2009 年 9 月 2 日。
③ 闫振芷，男，南下冶村人。访谈时间：2010 年 3 月 13 日。

在市场经济社会，南下冶村民能够主动的相互帮助，不要求报酬，村民对此很自豪，认为本村“风俗好”。张克淦说：

> 村里的丧事都是家族里自己办，小姓人家就和那些住得靠近的大户和其他小户之间互相帮忙，不要任何劳动报酬。现在有的村发展成什么呢？就是帮忙的要开工资，一天多少钱。实际上这是不好的，显得人的感情淡薄了。人家能不生气吗？一个家庭，你也要娶媳妇，你也会有白公事，这些都是自己不能办的，是需要大家互相帮忙的！有些地方只看眼前利益，一切向钱看，他说他耽误一天，损失了多少钱，有的还说现在肉多少钱啦，人家涨工资啦，他们也要涨工资啊。这样找不齐人来，也是没办法的。像我们这个村，都是家族里办。俺庄里风俗很好，不花钱，帮忙的就白帮忙，互相帮忙啊！①

在他看来，来帮忙却索要报酬的行为不仅有害风俗，在实际操作上也有很多弊端。

南下冶村的白公事做法良好，村民尤其是村落精英都很认可，但并非没有需要“改革”的地方，尤其是在规则制定方面。2010 年 9 月，村里制定了《南下冶村村规民约》，包括村民自治、计划生育、红白公事等三部分内容，各有章程。其中《南下冶村红白理事会章程》表明，红白理事会有会长、副会长、常务理事各 1 名，理事 5 名，共 8 人。其中除了两人是擅长红白事的普通村民外，其余都是村干部。章程的“总纲”如下：

> 红白理事会是村党总支部、村委会领导下的群众性自治组织。经村民代表会议通过，其基本任务是办理本村婚嫁、丧改事宜，坚持喜事新办，丧事简办，反对在婚丧公事中的封建迷信活动，反对大操大办、铺张浪费，其宗旨是服务于群众，坚持自我教育、自我服务，创造文明的社会环境，构建和谐社会，促进社会主义文明建设。②

红白理事会的这个定位与其他地方并无不同。如果仅从这个规定及理事会构成来看，很容易有这样的印象，即这更多体现了村委的意图，并非真正的村民自治。实际上并非如此，乡村丧葬习俗有一定的习惯，没有干部会在主家办丧事的时候，刻意去指导别人怎样操作。章程中的部分规定比如理事

① 张克淦，男，南下冶村人。访谈时间：2010 年 3 月 14 日。

② 南下冶村委会编：《南下冶村村规民约》（内部资料），2010 年，第 12～14 页。

会写悼词、安排告别会、向亡者鞠躬致哀及家属戴白花、黑纱之类的规定，都是现代的、城市里的丧礼做法。另外，禁止看风水、披麻戴孝、扎纸人纸马、雇吹鼓手、放礼炮、泼汤指路等“封建迷信”的做法，也不符合农村传统习惯。同样，关于红事，也规定要由红白理事会派出婚礼服务队筹备工作，“审办”婚宴，审查是否大摆宴席、借机敛财、雇吹鼓手、找风水先生看日子等，但实际上也还是村民自行其是。其实这样的组织与章程，与其说是具体行为的指导，不如说是移风易俗的立场宣示。

2017 年，我们访谈了村党支部副书记吕安亭，他名义上也是红白理事会的会长，而彼时我们并不知道红白理事会的存在。吕安亭跟我们说：

> 村里有红白理事会。但是呢，俺们村有一个好处，就是都是自发地办理，比如白事，都是那几位老人，他们都懂这个流程，就办下来了。白事外姓的也去参加。现在要求不能铺张浪费，花钱很少，比较简单，就是吃桌菜，就行了。现在有要求，红白事简办。这个张克永、赵吉才懂得比较多，陶希祚也经常参加白事。[①]

可见，村里的几个老人作为“办事的人”，都是自发地去帮忙，这无形中形成一个相对稳定的专家群体，但他们并非一个特定组织。

南下冶村村规民约

钢城区颜庄镇南下冶村村民委员会

二〇一〇年九月

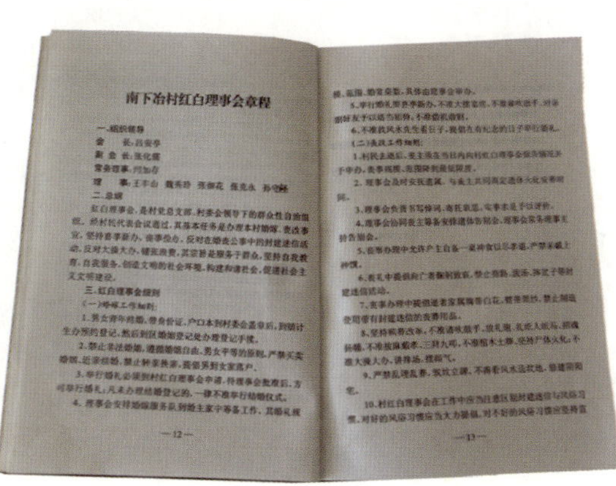
南下冶村红白理事会章程

《南下冶村红白理事会章程》(2010 年)

在访谈中，吕安亭还强调说：

① 吕安亭，男，南下冶村人。访谈时间：2017 年 4 月 18 日。

红事不用这些人，白事才用这些人。因为红事跟白事不一样。红事都是各姓自己办的。比如我姓吕，来给我帮忙的都是姓吕的人、本家的人、和我很亲近的人，来帮个忙，来记个账。当然也有其他人，比如小青年有同学，同学十来个，来帮忙，就不管什么姓了。在本家找个比较有威望的人做总管，比如我孩子结婚，我想办什么样，和总管说一下，他就去安排了。在什么饭店，多少钱一桌，总管会掌握这些，安排人去办就行了。①

红事不用外姓的仪式专家，也许是因为红事程序相对简单，没有那么多复杂的仪式，对于传统的遵循也不如白事那么严格。假如有的仪式花样出来，大家反而会觉得新奇有意思。事实上，红白章程的指导原则就是“喜事新办，丧事简办”。

张克永(中)、吕安亭(右)等在村委大院门口(2010年)

再回头看白事的操办程序。办事人来了以后，就要根据主家的意见，写写算算，做个计划。第一个就是出殡不出殡。比如说遇到家里老人没了，小

① 吕安亭，男，南下冶村人。访谈时间：2017年4月18日。

辈可能在外地甚至在外国,来不及回来。不出殡的话,老人就一直放在家里,等他回来的时候再出殡。确定出殡以后,就要决定出多大丧。先要确定报多少丧,闺女家、丈人家、媳妇娘家、姐姐妹妹家及其他亲戚家等,或者是关系很好的朋友,也要和他说一声。确定报丧范围后,就找人去报丧,这些人叫作"帮忙的"。最早人们都是步行去报丧,后来就骑自行车,现在有些是开着汽车去。需要报丧的人名都写在纸上,比如埠东找什么人,颜庄找什么人,主家都知道。什么亲戚住在哪,需写上找哪里的谁谁。要是报丧对象有弟兄好几个的就写老大,老大没了就写老二;这一辈的没了,就写下一辈;要是女的死了,她娘家没人了,无论如何也要找到一些其他亲戚。①

在安排人办事之前,办事人需要先和主家、内柜商量安排支出规模和支出项目。内柜就是管总账的,负责掌管所有的开支。如果亡者有五个儿子,儿子们都把钱准备好;或者老人自己有钱的也把钱拿出来,然后每个儿子再拿一些出来。办丧事一般不需要女儿出钱。一般来说,老人住院的时候,闺女要出点钱。老人过世办丧事的时候,如果兄弟家里过得不是很好,姊妹们就主动自愿拿钱;如果兄弟过得还可以,就不需要姊妹们拿钱。拿来钱以后,办事人就可以指使"帮忙的"干活去了。丧事花费的多少,要看每个家庭及其亲戚的经济状况。

报丧的人走了以后,办事人就要盘算,估计会到场多少人,需要买多少东西、多少菜。有些自己来不及做的或做起来麻烦的,要到外面去定做,比如说锅饼、馒头这一套,外面很多定做的。办事人还要准备哀杖,俗称"哭丧棒",通常是砍下一根柳树枝自己做。亡者的每个儿子都要有一根哀杖,因为面对丧亲之痛,孝子们会伤心不已,需要给他一个支撑。此外,办事人还需要根据主家的亲戚情况,准备相应数量、种类的孝衣、孝帽子,并安排女人们去缝制诸如孙辈扎的红、蓝腰带,玄孙扎的黄色腰带等一些丧礼要用到的物品。

老人去世的当天需要后人"指路"或"喊魂"。一般是大儿子"指路"。闫振芷说:"指路啊,用杌扎子(即板凳),把他扶上去,他得戴着帽子穿那个孝衣那一套吧。扶上去以后你得扶着他,因为他容易从杌扎子上滚跌下来。

① 闫振芷,男,南下冶村人。访谈时间:2010年3月13日。本节丧葬习俗的描述,如无特别说明,都是基于对闫振芷的访谈。

他不是叫他爷、他娘西方去嘛，去西方路。”就是说孝子站在杌扎子上喊“爸爸，去西方路”之类的话。闫振芷介绍说：“我有时候考虑这个事儿，咱的这个丧事，可能是儒家、道家、佛家思想都有。你看这鬼神那一套吧，是属于道家思想；你这西方极乐世界呢，是佛家的思想；名教这一套属于儒家的思想。”

如果没有儿子，有三种弥补的办法：

第一种办法是女儿指路。2010 年的时候闫振芷说：“现在女孩也指路了，人家光女孩没男孩，那不就得女孩指路啊。”2017 年再谈到这个话题的时候，我们再次确认了这一点，即由于计划生育，有的家庭就没儿子。独生女的家庭有时候要召上门女婿，或叫“养老女婿”。孩子是跟妈妈姓还是跟爸爸姓，需要双方协商。有的坚持让孩子跟女方姓，很多人都因为这个不愿当上门女婿。不过，只要照顾老人，即可继承老人的家产。女儿既然可以继承家业，给老人“喊路”似乎也是理所应当的。

闫振芷告诉我们，闺女能够“指路”就是最近这十多年里才发生的事。可是，这种做法应该并不太普遍。2010 年初，我们曾听到村民说，当时南下冶村只有一个闺女“指路”的事例。再如，村里还有就这个话题展开的抬杠，村民甲说闺女好，村民乙就反驳说闺女不能“喊魂”，最后以“不知道路可以打的”的笑话结束。虽然是抬杠式玩笑，但在这个对话中，大家都默认闺女不能“喊魂”。可见在人们观念中，女儿“喊魂”并不被视为正常现象。

作为送盘缠、“喊魂”地点的土地庙

第二种弥补的办法是找男性的继承人。闫振芷跟我们说，如果老人既无儿子也无女儿，比

如是光棍，就要找继承人。闫振芷说：“光棍还是有继承人的，找最近的人。再一个你看啊，咱这个人只要是不行了，可能他后来这几年就得考虑考虑这些。所以一般这个事，不会挡住了、搁住了，不会叫后人想办法，不是这么回事。他还得有安排。他病的时候肯定要安排。”当我们问：“‘指路’的风俗到现在还在吗？”闫振芷回答：“你想让他指路的，只要他指路，你的一切就是继承人的啊。”也就是说，老人需要继承人，不仅是因为需要有人“喊魂”，还因为家产得找人继承，看来继承的需要，是“喊魂”风俗延续的重要原因。

第三种办法是花钱雇人。由于女儿大多数情况下不“喊魂”，而且并不是所有人都能恰当地安排继承人，因此近年来出现了家人亲戚雇人“喊魂”的现象。雇人临时充当继承人，收费不菲。2010 年我们采访时听到有村民说：“这是现在有钱，还有花钱雇人‘指路’的啊！”不过，有些人可能更在意雇人的不方便之处。2010 年的时候闫振芷就对此评论说：“你找了人来，仪式什么的不是麻烦吗？再一个要是不团结，就不用那些人了。”被认为可能会引发“不团结”的事情，笔者猜测可能会在族内引发争议。对闫振芷而言，闺女“喊魂”都比请外人可靠。

出殡当天，接到通知的亲朋好友来祭奠，他们都由外柜协助接待，有的还需要外柜安排席位、代写挽联等。但外柜最主要的任务是登记亲友带来的奠仪即礼金，并放在柜子里面去。所谓“奠仪”，主要是礼金，还有白屏，即烧的黄表纸一刀。在外柜那里上完钱，亲友走到棺材前，会根据辈分，有的鞠躬，有的磕头，跟家属说几句话，谓之“吊唁”。主家不需要给吊唁的人回礼。

女婿来了，除了要拿礼金外，还要拿冥器、铭旌、神食等物品，这些东西都由外柜详细记录。要是好几个闺女合办的，这些物品就要注明某某合办。冥器是搁在坟墓里面的床、桌子之类的，以前多是锡做的，现在则以铁制、木制为主，有的冥器是主家早就买好的。铭旌则是一块布，上面写上亡人的名讳，多用文雅的词。如果亡者是男性，多写“岳父大人之行将”；如果亡者是女性，多写“大阃范”即女界模范之意。张家老太太去世的话，就写“张老太君岳母大人女士之铭旌”。当然村民对于“老太君”是什么意思有不同的理解，有的说只有正妻是太君，后娶的可以称为“孺人”。现在写的铭文通常都

是四字的、意义正面的套话，比如男的是怎么怎么勤俭持家，女的是怎么怎么贤惠、擅长纺织那一套。铭旌一定是女婿拿，如果没有的话，则由侄女代替，村民说“就和亲闺女一样”。神食即神馔，有三烧，即一鸡、一鱼、一肉（不烧熟，生的也行），再放点旁的菜；五烧，即双鸡、双鱼、一肉；七烧，即三鸡、三鱼、一肉。这些年，神食的规格越来越高了。神食都要摆在桌上上供，比如说有好几个女儿的，大女儿来了，就把她带来的这一套摆上，开始奠，即磕头、作揖；另外一个又来了，就把刚刚的那些都撤掉，重新摆上她带来的，然后她来奠。

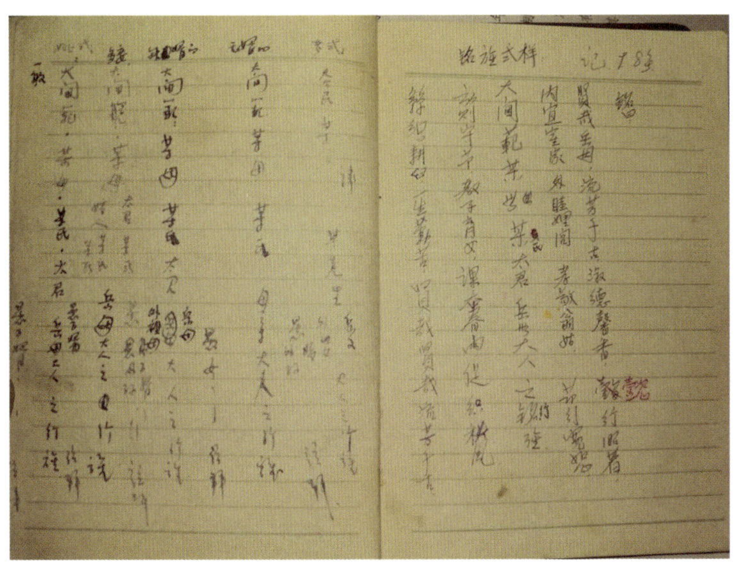

闫振芷总结的铭旌样式

再就是坐席。吊唁的亲友到的时间很集中，就是在上午。亲友吃什么，都是主家、办事人在早上研究好的。一般是简单的六样素菜，即藕、花生米、豆芽、白菜、豆腐、芹菜。告诉厨房里这六样菜，厨房按照来的客人数量提前准备好东西，比如说来了十几个客人，差不多要准备三桌酒席。上菜、上酒、上烟，都有专门负责招待的人。用来招待办事人、“帮忙的”的饭菜也很简单，主食就是馒头或锅饼，菜就是豆腐、白菜，现在还炒点芹菜。

出殡当天的下午要送盘缠，这是北方很多地方流行的送葬习俗。人们

相信亡者去阴间的过程中，需要打点各种鬼怪，所以亡者的亲属要在村口的土地庙那里，给亡者烧点元宝之类的纸钱。闫振芷说："我小的时候吧，那时候死了人送盘缠，得到土地庙那儿去啊。就我们这村，我大爷死了的时候呢，我们得拄着哀杖走到土地庙那儿呢，到了后来人们就在街上找个地儿送盘缠。"街上找个地方，说的是在路远的情况下，不一定要跑到土地庙那里送盘缠。"有段时间没有土地庙，人死了就是呢，你比方说吧，写上个'土地之位'的牌位子，把去世的人搬出去找个宽敞地方，把那牌位搁那儿，这就成了土地庙了。"

送盘缠，不光死者的儿子送，很多亲戚朋友都得送。"就我们庄里面吧，无论什么人，都可以送盘缠，"闫振芷说，"你只要是觉得有交情，谁都可以纪念纪念。"通常是关系较近的亲戚送盘缠，比如说女性亡者娘家的人。至于送盘缠的仪式，据闫振芷说，就是送花圈、磕头、祭奠，烧点纸也行。

下午三四点钟将亡者送往火葬场，现在南下冶村普遍实行火葬。去火葬场之前，就是入殓的时候，把该穿的衣服都穿上，用的东西也装到棺材里，人们还要看最后一眼，然后就盖上棺盖。以前抬棺的丧舆是用四根木头绑起来，用大绳子穿起来，把棺材放上面。人们先对这个丧舆祭奠一下，叫"谢丧舆"。然后把丧舆搁在那个凳子上，准备喊"起"之前，由抬棺材的人给它作个揖。旧时棺材大而沉，为了不让尸体在里面晃，就把尸体两边用土坯给固定住，这更增加了棺材的重量，就需要八个人抬。现在都用灵车里的担架，将尸体抬到火葬场火化。长子不去火葬场。

由于火葬场的忙闲情况不同，从火葬场回来的时间也不固定。亲属从火葬场回来，就回家把亡者的骨灰盒装到棺材里。不管多晚，都要当天送到林地埋起来。亡者的孩子们和"帮忙的"一起，选择从家去墓地最通达的路，把亡者送到林地去。出殡的队伍中，孝子是领丧的，要走在最前面。后面哭丧的男性都要一块去林地，女性一般到半路就回来了。孝子还要暖圹啊，即下到墓穴，用扫帚打扫一下，把各种东西如五谷囤子、冥器、长明灯等安置好，棺材就可以下葬了。埋完了棺材以后人们就回来了。主家愿意留"帮忙的"喝点酒，就招待招待。

闫振芷正在讲解南下冶传统习俗

去林地用的东西叫“林具”，出殡过程中，无论是工具还是人都会“招丧气”。人们出了林地以后，会在路边上烧堆火，跨过那个火堆，把丧气给祛除掉。人们回来以后，这个灵屋里的柴草，就是亡者儿子、闺女坐着哭的地方，当天夜里不能动、不能扫。柴草需要等到亡者埋葬三天以后圆坟的时候才能烧掉，俗语叫“烧三日”。

亡者出殡下葬以后的第三天，是圆坟的时候。三天前埋葬亡者骨灰的时候，时间已经太晚，“帮忙的”弄得不大好。现在由上了年纪的老人带领亡者的儿子、闺女本家人，穿着“白大褂子”即孝服，用锹具把土整得规范一点，像个坟头样。亡者的儿子、女儿们，每人点上一根香，围着坟转圈，一边转，一边扔一些小石块到坟上去，口中还要念念有词“娘啊不要害怕，爹啊不要害怕”，正着绕三圈，反着绕三圈，然后把手中的香插在坟墓的角角落落。当时不用竖墓碑，栽树、立碑都是以后的事情了，一般根据情况人们哪天想起来就去栽上树。

亡者出殡之后的第七天还要“烧七”，根据下葬的时间来算七，要烧一

七、二七，一直到五七。一七、二七的时候就是炒上菜拿过去，烧点纸。以前还有一个说法，即有一个儿子的不烧一七，有两个儿子的不烧二七，但不管有几个儿子，五七是必须烧的。现在很多都不烧头七、二七，就只烧五七了。

五七的时候亡者家属的孝衣都脱了，但家里还摆有灵位，家里的灵位要到烧五七以后才能处理。五七时，亡者的儿子、女儿一般都来，如果工作忙，实在来不了的话，不来也行。烧五七的时候，亡者的亲戚和闺女家，都要挑了菜来，把家里的灵位请出去，把屋里亡者的衣服和原来用的东西，如被褥之类，都拿到野外或者林地上销毁了。烧五七主要是亡者的闺女烧，闺女扎柜子，烧金山银山、摇钱树等样式的纸扎，现在纸扎的样式发展为电视机、小轿车等，总之活人有的东西，亡者也都有了。

村北面闫氏林地的一处新坟

以前烧完五七，还有一个百日，百日比五七简单。以前有一个风俗叫“长五七，短百日”，就是让老人的灵位在家多待几天，老人走了以后因为想念，就早点烧百日。以前老人病危的时候，亡者的儿子就要把头剃剃，因为老人走了百日以后他才能剃头。以前的时候，一些很远的亲戚就不来了，但亡者的闺女要回来。烧五七的时候，亲属口中会念念有词，多是念着老人的好，或者思念、想念之类。百日和五七差不多，但是要简单些。现在更简单

了，百日和五七都合在一天举办了。

给亡者烧纸要烧三年。亡者去世一周年叫“小祥”，这时候女儿们都要回来给老人上坟；第二个周年叫“大祥”，也要去坟地致祭，但仪式略微简单；满三周年烧纸祭奠，亡者亲友毕至，各带供品、纸扎。过完三年可“除孝”，照传统说法，丧礼至此就全部结束了。

二、坟地与上坟

南下冶村各姓以前都有家族集体墓地，村民一般称之为“林地”。大家族的墓地面积大，坟墓规格高，甚至周边有些地名就是以“某家林”这样命名的，这无疑是大家族优势地位的体现。刘成总告诉我们说：“你看狄家，现在就三四十口人，可是他家光林地就有三处，都很大。从占地的面积来看，狄家一处林地，就相当于俺刘姓一个家族的林地大。在我六七岁的时候，村东有一块狄家林，还有一搂粗的松树。那里的碑、坟墓都相当大，这说明两点：第一说明家里富裕，有地，埋得远；第二说明老婆多。”[①]狄家庞大的墓地规模给小姓家族留下了强烈的印象。

大家族往往有很多林地，林地不光有坟墓，还有集体所有的耕地与树木，可以支持祭祖、聚餐等家族开销，是增强家族凝聚力的重要资源。例如清末吕氏家族墓地即是，吕氏林地周围用墙围起来，有专门看林的人员；吕氏不仅有家族集体祭祖的仪式，且有祭祖誓词之类的内容，有比较成熟的宗族文化。吕安亭说：“潘家庄好几十亩地，我小时候还去那里种过地呢。再就是山前，那里有个林，栽的柏树好多好多。以前的林地，都租出去了，谁家种谁家拿租子，到时候整个大家族有出头露面的，把收起来的租子卖了，买香、买纸、买供品。这个林子是好地啊！后来村里搞土地合作社，把土地登记了，把地调了，都给了人家了。”以前吕氏清明节扫墓是各家单去，但过年是家族统一去。关于宗族会餐，吕安亭介绍说：“那时候我还很小呢，去了给个馒头，就是大集体吃饭，不是个人拿钱，钱都是来自林地那个收入。”至于会餐是否有吃菜及其他细节，因为当时他年龄很小，都不记得了。[②]

---

① 刘成总，男，南下冶村人。访谈时间：2009 年 9 月 2 日。

② 吕安亭，男，南下冶村人。访谈时间：2017 年 4 月 18 日。

集体墓地的坟墓，其排列方式体现了家族内部的差序格局。林地坟墓的排列顺序，以北为上，长辈的坟在上头即北边，晚辈的在下头即南边。村民吕同教说："比如这个是他父亲的坟地，他有两个儿子，两个儿子在他的前头，大儿子、二儿子这样排着。"吕同教给我们画出树杈图一样的分布图，但是这样排列的坟墓似乎辈数不多。吕同教说："谁家老的在谁家跟前。矛盾嘛，倒没矛盾。一般一个祖父的在一块。如果不行，还有坟墓，就再起林地。"[①]也就是说基本上两三代人的坟在一块，排序严格，超出的代数未必就严格按照上、下这样排列了。无独有偶，几年前，闫振芷也曾跟我们说过："坟墓要按照顺序，长辈在前，按辈分往后排。现在都乱了。"[②]笔者理解的所谓"乱了"，并非三代之内乱了，而是随着世系增加、血缘关系的疏远，超出三代的坟墓没有严格按上、下排列。

狄姓在村南的一块林地

在南下冶村我们目前所见都是规模很小的坟地，其中有若干处较新的

① 吕同教，男，南下冶村人。访谈时间：2017 年 4 月 19 日。
② 闫振芷，男，南下冶村人。访谈时间：2010 年 3 月 13 日。

坟堆，坟顶插着小红旗，老百姓管这种坟叫“寿坟”。还在世的老人给自己预立坟墓，称为“打寿坟”。我们问过村里红白事的办事人张克永老人：“为啥要先占下墓穴呢？”他回答说：“早晚脱不了啊。要是用着啦，比如说下雨天，想置还置不了哩。”[①]也就是说，这纯粹出于未雨绸缪的实际考虑。以前一些老人尤其是有钱的人家，会提前准备好自己的寿器、寿木、寿坟，有的甚至提前好几十年准备。现在虽然很少有人预办寿器、寿木的了，但打寿坟的现象仍然相当普遍。村民差不多在 69 岁或 70 岁的时候开始打寿坟，70 多岁的老人打寿坟的比较多。

打寿坟一般选择有闰月的年份进行，因为莱芜民间习俗，闰月年坟墓不添土，意思是不适合安葬，这暗示老人福寿未完，所以趁这个时机打寿坟比较吉利。打寿坟都是老人自己张罗，儿女不掺和。老人先打下坟，在坟顶插上一个红布，表示这个坟已经有主了。等老人过世以后，再把坟扒开，把骨灰埋进去，再把坟合上。个别情况下，也有提前把墓碑打好立起来的。

莱芜地区常见的寿坟样式

① 张克永，男，南下冶村人。访谈时间：2017 年 4 月 19 日。

如果夫妻两个人都在的话，通常一打就是两间寿坟。墓穴全部按照正常的尺寸打造。在我们的要求下，受访者吕同教大爷画了墓穴的图。整体砌出的坑大概是“长方形”的，里面分为两个直角梯形的墓穴，上面宽，下面窄，中间由一块隔板隔起来。在没有实行火化以前，埋葬的时候，亡者的头放在宽边儿，脚放在窄边儿。墓穴并无一定的朝向，亡者的头、脚朝向如何，取决于风水，风水是老早就看好的。至于吕氏家族，他们安葬亡者的时候是脚朝南。从亡者头部朝向的方向来看，是男左女右。夫妇二人，先去世的先埋葬，后一个过世的时候，要把以前那个坟挖开来，然后需要给他烧些纸钱。

以前寿坟墓穴都是垒砖，现在则用特制的石头，颜庄街上有专门做这种墓石生意的。这种石板大约 8 厘米厚。老人们从颜庄等地买回来这种墓石，将其拉到林地安到墓坑里。一般两间坟也就一千五六百块钱，现在一千七八百块钱就算很好的了，普通人都承担得起。吕同教大爷的妻子补充说：“现在条件好了，以前寿坟是用砖垒，用那么个小地方，等人没了就放里边儿。现在条件好了，打寿坟，比以前大了，用石头搭的。”[①]吕同教大爷夫妇经济状况一般，他们也准备趁 2018 年即闰月年打寿坟。

吕同教在绘寿坟的布局图

① 吕同教妻，女，南下冶村人。访谈时间：2017 年 4 月 19 日。

墓地的选择、亡者身体的安放都需要请风水先生看看，因为村民相信如果林地处理不当，会影响子孙的前程。在这方面，村里很多老人都知道关于陶神医的风水故事，并信誓旦旦地说这是“实事”。陶家是村里的小姓，陶神医就是现在村里算命先生陶发春的祖先，有人说他是民间一位中医大夫，有人说他是宫廷御医。有村民介绍说这位陶神医“有本天书”，能“撒豆成兵”，大概是有些法术之类。陶神医最主要的事迹是给公主看病。因为公主是金枝玉叶，外人是不能到跟前把脉看的，要用根细绳拴着她的手腕把脉才行。公主的病好了以后，那些大臣们都去喝酒了，把他这个事忘了，过了两三天了也没人给他报信，公主的病是看好了还是看坏了？他认为没人报信就是没看好，于是就被吓死了。

与南下冶村其他大姓相比，陶神医的后人并没有将家族发展起来，村民多是认为这与当年给陶神医送丧时破坏了风水有关。例如，张克淦说：

> 结果，他死了以后呢，京里就给他封了个御大夫。为了报答他，还找来了风水先生给他看了一块林地。我说的这是实事啊。当时看那林地，出殡那天是“鱼打鼓，狼送丧，棉花车子一百辆”。“鱼打鼓”就是什么呢？那河里不是有鱼嘛，有一种鸟叼起一只鱼，那时候不正在送丧啊，那个鱼正掉在那个鼓上，这叫鱼打鼓。“狼送丧”，就是这一天林地上见了狼了。“棉花车子一百辆”呢，那时候有小孩玩的小推车。结果孝子进林，提着筐扒坟以后，就去一边吸烟了，回来一到跟前，从这个坟里头啊，跑出来一只狼，孝子拿着灵杖，就说打“赖歹”。他要是说打狼呢，就是说他家每一代都会出状元郎，结果他说打“赖歹”，这就把风水给破了。他要是喊打狼就行了，按天文学上说，时间什么的很关键……把风水给破了，以后他们下辈子就不好了，这是一个实事，他们陶家后来就人丁不旺。他们家人都不爱说这个事，他大爷爱说。……下一代人没有富的，他要是喊打狼就不会破风水了。[①]

张克淦的这一说法是来自陶发春的大爷，可见它不仅是外姓讲的故事，也是陶氏自己对于家族衰落的一种解释。这个故事是说，朝廷请了风水先生给他看林地，并且预示当天会有各种吉兆，包括林地上出现一匹狼，表明

① 张克淦，男，南下冶村人。访谈时间：2010 年 3 月 14 日。

这是上天在协助名医的后人，让他家后人做状元郎。这个吉兆没能实现是因为孝子没能恰当叫出“狼”这一书面称呼，而是直接用方言“赖歹”呼之，从而破坏了本来非常好的风水。不同村民讲的这个故事大同小异。例如，孝子称呼狼为“马虎”，这是土语里对狼的另外一个称呼。这个故事有个有意思的潜在意义：如果不能恰当掌握标准语言和官方文化，就无法实现跃升的机会。所谓“风水好”，就是后人能提升社会地位，比如做了官。风水的语言仍然是村民理解历史现象的重要思想资源。

近年来，不少村民在寻找新的林地，迁坟的情况增多。迁坟主要有两个原因：第一个原因就是另寻好的风水。例如，民国时期吕氏族谱记载，随着芹村吕氏的崛起，嘉庆五年（1800 年），吕氏始祖吕信复、二世祖吕直兴的坟墓由莱芜南宫村迁到芹村，并称其二世祖吕直兴“善堪舆，卜迁芹村”。也就是说，迁坟其实是风水专家吕直兴早就预料到的。[①]随着南下冶村民家境的日渐富裕，这种追求墓地风水的做法又兴起了。尽管村里的红白理事会章程中“严禁乱埋乱葬，筑坟立碑，不得看风水选坟地，修建阴阳宅”，实际上，这条规定恰恰说明了看风水之普遍。金牛岭上退休教师张菊美也告诉我们：“现在生活条件好了，个人看哪块好就选哪块地，就把自家老人的墓迁了来，迁了林地来。俺这个庄到处是林地啊，这里一片，那里一片，哎呀，光有林地。”[②]我们在南下冶见到多处新迁的坟地，墓主都去世几十年了，但近些年迁坟后人们都给墓主补立了墓碑，立碑时间多在清明节。

迁坟后新立的墓碑

① 参见民国《吕氏四门族谱》卷一《吕氏始祖世系图》。

② 张菊美，女，南下冶村人。访谈时间：2017 年 4 月 19 日。

第二个原因是坟地被征用，必须得迁。现存的家族墓地名义上是属于村集体的，如果村里需要征用祖坟地，那么村民就得迁坟，家族并没有话语权。2017年，村西南地毯厂那边开了好几个大厂子，占了许多林地，地主要是张姓村民的。对于张姓林地如何另寻新址大家有不同看法，像是吕同教大爷认为现在镇里征地，公家补给个人一部分钱，叫个人另找坟地。张菊美也认为："那个时候镇里另外给了一块地'换地'，就迁坟了。"究竟是现金补助，还是镇里给另觅土地，大家有不同的意见，但都承认政府给补贴迁坟的事实。由于占用的多是张姓的坟地，所以迁坟的主要是张家，其他各家受影响有限。例如金牛岭王家的老林地里有150多个坟，这次都没动着。

迁坟可以家族为单位集体进行，也可以是一家单独进行。人口兴旺的门支可能共同另择集体林地，但也有各家各户单独找的。迁坟的话，一般要先请亡人。如闫振芷说要"写请帖，把他请过来搁在这里，写上灵位"[①]。如果夫妻合葬墓需要同时迁往新坟地，一般是先埋男性，女性先放在一边儿，等男性放过去了再和女性一起重新合葬。迁坟地址通常是葬在自家的份地，而比较在意风水的人家会先找个风水先生看看，如果行就定下来。坟地定下来，如果实在不便，需要葬到别人的地里，还可以跟别人换地；如果自己没有地跟别人换，就补给别人钱。迁坟选地的结果，按道理是要和大队说的，不过实际上没有人这么做。

迁坟进一步打破姓氏分布的局面。一方面，原来每个姓氏都有统一的大林地，迁坟之后，每个姓氏的林地更加分化，家族集体上坟的情况更不可能了。同时，本来各姓的林地都是分开的，但由于个人自由选择迁坟地点，于是出现各姓的坟墓并列的状况，经常是一片林地，这头姓张，那头姓王，这进一步打破了林地按姓氏划分的局面。村里有些老人对此颇有微词，比如我们访问吕同教大爷夫妇的时候，他们都反复强调说"现在乱了"，"今年是真乱"，"现在没法整了"。[②]

上坟是祭祀祖先的基本形式之一。嘉靖《莱芜县志》中列举了与祭祖相关的几个时间：春正月朔日，祀神、祀先，宾客宗族相贺；清明，扫坟墓，插柳枝；中元，祀先，悬谷麻；十月朔日，祭墓，换寒衣；冬至，祀先；除夕，祭先祖，贴

---

① 闫振芷，男，南下冶村人。访谈时间：2010年3月13日。

② 吕同教，男，南下冶村人。访谈时间：2017年4月19日。

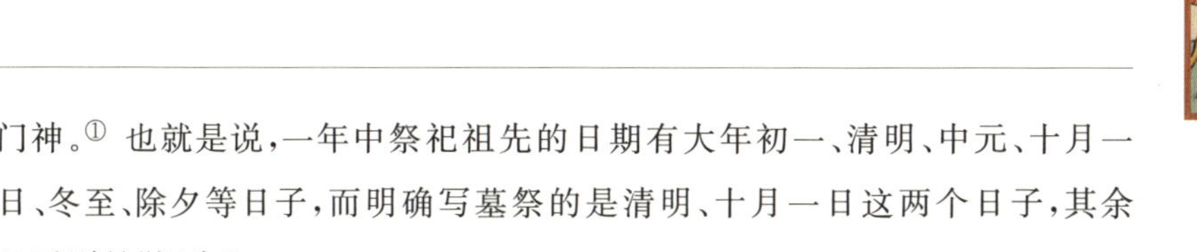

门神。[①] 也就是说,一年中祭祀祖先的日期有大年初一、清明、中元、十月一日、冬至、除夕等日子,而明确写墓祭的是清明、十月一日这两个日子,其余日子则是"祀先"。

南下冶村民上坟的最重要的时间是清明(寒食)。闫振芷说:"寒食上坟,有的地方是前两天去,有的是前一天去,咱这里是前一天。清明前一天是寒食,寒食就上坟。"[②]尽管如此,村民基本上都认为,其实在寒食或清明之后的半个月之内上坟都可以,不局限于某一天。吕安亭也说:"在清明节,上坟的时间有半个月,从清明节当天开始往后推半个月,半个月期间人们必须得上坟,得抽时间。从清明节的头一天,寒食这一天,大部分人这一天上坟,如果没时间,就后推半个月之内上坟都行。"具体时间则是吃了午饭,下午四五点钟的时候去。[③]

由于坟地分散,家族观念逐渐淡薄,现在不仅没有全家族一块上坟的活动,甚至若干家共同上坟的情况也很少见,几乎都是以家庭为单位。像是退休教师张菊美就说,人多的时候就全家老少都去,人少的时候就自己去。吕安亭说,谁家的坟地谁去,主要是给五代之内的祖先。吕同教也说上坟是个人行为。

上坟后留下的酒瓶

按照习俗,女性不能上坟,当地有说法是"女的不上坟前"或"女的不上林"。闫振芷说:"一般都是男人上

① 参见嘉靖《莱芜县志》卷五《政教志·风俗》,明嘉靖刻本。
② 闫振芷,男,南下冶村人。访谈时间:2010年3月13日。
③ 吕安亭,男,南下冶村人。访谈时间:2017年4月18日。

坟，女人没有上坟的，没出嫁的女儿和媳妇都不上坟。”关于上坟用的烧纸，都是要自己打。闫振芷说：“女人不能打，都是男人打，家里男人不在家，要去找别的男人打纸，女人自己也不能打。打纸吧，要是落了太阳以后打，就要点上灯。”[①]他还给笔者看了专门打纸的工具，并说，每家都必须有这样的工具。

打纸用的工具

清明节上坟的主要活动：一个是添土，一个是供奉祭品，一个是烧纸上香。所谓添土，就是拿个铁锨，把坟、坟头修整一下，把坟头纸压一压。添土有个讲究，就是有闰月的年份不添土，至于为何有这个讲究，村民一般都说不上来原因。祭品主要就是馒头、炒菜。至于炒什么菜，张克淦跟我们说：“一般炒三个菜，是神仙菜。通常是豆腐、鸡、鱼，寓意是福、吉祥、年年有余。”[②]炒菜是通行的做法，当然也有不炒菜的。祭奠的时候往往再上点酒水。再有就是烧纸、上香，纸都是事先自己打好的烧纸。

农历十月一日的祭祖相对次要一些，就是给祖先送寒衣，到坟上烧纸。苗成学大爷曾说：“八月十五人节，七月十五鬼节。十月一也过，是阴历的，是鬼节也是人节。为什么这么说呢？以前有雇活的，给地主家劳动，一年给

① 闫振芷，男，南下冶村人。访谈时间：2010 年 3 月 13 日。
② 张克淦，男，南下冶村人。访谈时间：2010 年 3 月 14 日。

多少粮食，到十月一，干好了的留下，干不好的就走。”[①]对于以前的雇农而言，十月一也是雇佣周期的终点与起点。

至于其他上坟的场合，一个是每年亡者去世的那天，要上“忌日坟”，一般自家单独去祭一祭。还有一个是娶新媳妇的时候。民国《莱芜县志》记载称：“明日，见舅姑及家人，各有贽，庙见（无庙者祭于墓）。”[②]意思是，婚礼次日，要见家人及到家庙去祭拜祖先，没有家庙的要上坟。村干部吕安亭告诉我们说：“咱们这里就是婚礼进行完了，下午没有事儿了，新娘、新郎以及新人的嫂子、哥哥带上10个菜，去林地那，摆上菜，烧纸，烧上香，压压坟头纸，意思是添人口了，那时候坟头纸就是红色的了。”[③]

三、祭　祖

至迟明代以来，莱芜的祖先祭祀就有两种方式：一种是在墓地举行的祭祀，另一种是在家庭或祠堂举行的祭祀。明嘉靖《莱芜县志》就已如此分类了，前者称为“扫坟墓”“祭墓”，后者称为“祀先”。祀先的日子有四个：大年初一、七月十五、冬至、除夕。[④] 其中冬至祭祖的习俗，最迟到民国时期已经不存在了，民国《莱芜县志》卷七《地理志·风俗三》中已将此风俗标为“今湮”，意思是该风俗已湮没无闻。除此之外，其余过年、七月十五等“祀先”的节日与现在情况完全相同。

压坟头纸

① 苗成学，男，南下冶村人。访谈时间：2009年9月2日。
② 民国《莱芜县志》卷七《地理志·风俗一》，1922年铅印本。
③ 吕安亭，男，南下冶村人。访谈时间：2017年4月18日。
④ 参见嘉靖《莱芜县志》卷五《政教志·风俗岁时附》，明嘉靖刻本。

在村民的观念中，上坟与祭祖同样是两件不同的事情，他们一般将二者分开来谈。例如，村民吕守庭曾跟我们介绍说："清明节不祭祖，只是去坟地扫墓、上坟。"[①]在他们看来，上坟专指在林地坟前的祭祀活动，主要日期是清明节、先人忌日、十月一日等；而祭祖则专指在祠堂、家里祭祀祖先的活动，祭祖主要采取的是请家堂、供祖先的形式，主要是过年、七月十五两个日期。下面就祠堂祭祖与家庭祭祖分别简述。

祠堂祭祖专指南下冶吕氏而言。有个别村民提到当初狄家有小规模的祠堂，但具体细节不详。而闫振芷提到，闫家 1949 年以前曾准备置祠堂，但后来没有置。真正落实的祠堂且尽人皆知的就是吕氏祠堂。吕氏祠堂是清朝后期莱芜境内吕姓四门合建。1914 年的祠堂碑上明确写有"四门族众岁时奠醊之所"，也就是说，是参与祠堂祭祀的人包括南下冶在内的所有的吕氏四门族人。这是发生在吕氏四门联宗之后。而实际出钱修祠的可能主要是四门的长支即南下冶吕氏，祠堂碑上说是卖了林地的树木修的祠堂，这林地应该就是南下冶吕氏的。而且当时南下冶村最好的房子都属于吕氏。用吕发亭的话说就是："我们这个氏族不穷啊。"

荒弃的吕氏祠堂

① 吕守庭，男，南下冶村人。访谈时间：2009 年 9 月 2 日。

吕氏族人最津津乐道的是当年的祠堂建筑。青色砖瓦，廊柱流丹，飞龙蟠春，影壁刻石，古拙简练，是村里最古的建筑。长期住在祠堂后面的吕发亭还给我们描述了以前祠堂正门口有个平台，还探出来两根柱子，这个平台完全是挖土堆起来的，就和戏台一样。笔者推测这应该就是抱厦，只是地基垫起来了。吕发亭说："我们小时候不敢进祠堂，你进去一跺脚，整个这个屋，都狠狠地响，不敢进啊！"可又说："我们小时候进去，里面挺美观的，周围全部是壁画，画的人物、花草树木、山河流水等都有。真是栩栩如生啊，就和活的一样。那要放到现在可不得了啊！"

据吕发亭讲，祠堂祭祖时，吕家所有男性成员都聚集在一起。祠堂三间大殿，周围都是条几，上面放着祖先的牌位。[①] 吕同教也说："牌位都是木头刻的，不大，大约是 50 公分。就连屋檐也有兽，和小瓦形状似的……盛牌位的，说话不好听，就和大的骨灰盒似的，以前在家也有供。爷爷、奶奶等远的祖先牌位都搁祠堂那儿。大家统一在祠堂祭祖。"[②]

吕安亭在村委会讲吕家的历史

① 吕发亭，男，南下冶村人。访谈时间：2017 年 4 月 19 日。
② 吕同教，男，南下冶村人。访谈时间：2017 年 4 月 19 日。

民国《莱芜县志》称："士大夫家有祠堂者，遇喜庆有祭，岁时有祭，祭毕，合族人享之。"[1]对于祠堂祭祖的盛况，虽然现在吕姓老人都未亲历，但大多听老一辈的人讲过。吕安亭说："以前听俺祖父说，那时人们集中在这里，姓吕的统一进行祭祀。"吕同教认为以前祭祖就在祠堂祭，林地上坟则是个人行为，"以前老人都不在了，咱们这个记忆不太好，那时候小。村庄的由来啊，看看碑文去，碑文上记得很清楚"。祠堂仍用于祭祖的时候，他年纪小，记不太清，只依稀记得祖父说过统一在祠堂祭祖。他只记得 1949 年后在祠堂里念小学的场景。当时祠堂已经被改造成教室，家具成了课桌，祖先牌位被丢弃，已无集体祭祖的事了。[2]

后来村里成立小学，一开始小学是在黄花店，1952 年迁到南下冶吕氏祠堂。这里成了学校以后，祠堂的牌位都搬出来了；一个方桌还有 3 米来长的条扇几后来当了课桌；原来的壁画就用石灰水粉刷了，墙上也都安装上窗户。后来这个学校又搬了出去，祠堂又成了村办公室。赶上"破四旧"，据说人们把牌位都劈了，扔到火里烧了，连条扇几也都烧了、破坏了。当时政治气氛如此，村民谁也没有把牌位拿回来的。再后来盖了新的村办公室，祠堂就更没人管理，渐渐坍塌了。

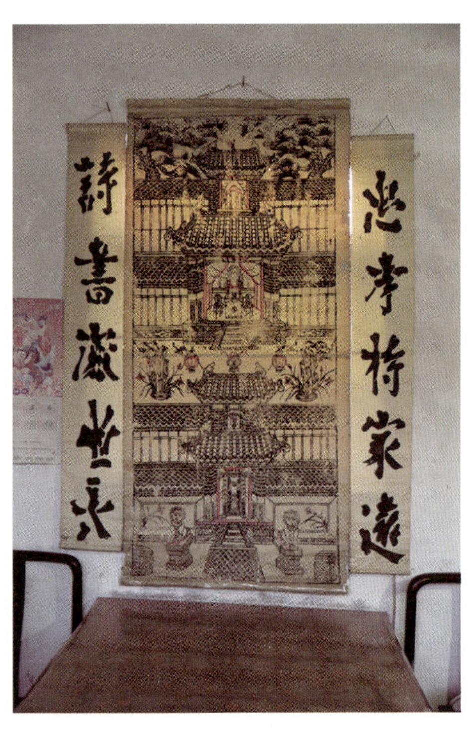

闫振芷家的家堂轴子

随着祠堂的损毁，祠堂祭祖也彻底成为了历史。2009 年，当

① 民国《莱芜县志》卷七《地理志・风俗二》，1922 年铅印本。

② 吕安亭、吕同教，男，南下冶村人。访谈时间：2017 年 4 月 18 日。

时 68 岁的吕守庭说："吕氏祠堂，原先过年和七月十五的时候，都用来祭祖，现在不用了，大家都各自在家里祭祖。……三年前修了家谱，就我们这一支的。……没人修祠堂，现在大家祭祖观念淡薄了，连亲儿子都不听话了，孝道已经不是那么浓了。祠堂就一直没人管了，村里、镇上都没人管。"[①]就能力、意愿、观念各方面来说，祠祭事实上已不可能再出现了。

现在家庭祭祖最隆重的时候是过年，即从除夕到初二。除夕早上，人们起床以后要大扫除，把家里的垃圾、灰尘都清扫干净，然后请祖先。家中要准备好逝去老人的牌位，只要在请家堂之前备好就行，也有人提前三五天就准备好的。这个牌位是在红纸上写上某某之位，夫妇两人共用一个，多是自家的子孙写，有不识字的人家就请别人代写。以前的牌位有木刻的，是因为家里人不识字，找别人代写，一次一次地很麻烦，就请人刻一个木制的，以后每次用时就拿出来，现在多是写在纸上。供养的牌位一般可以上溯到家中最长者的高祖。村干部吕安亭介绍说，请的祖先是五代以内的祖先，最高到高祖，高祖往上不请了。给高祖、曾祖、祖父、父亲写上名字，点着香，插到香炉中，然后朝着林地的方位拜。有的家里要请十多个牌位，例如过继的人，就要承担生父母和养父母两边的香火，请的牌位就会很多。要把牌位匣子先搁好，放在供养祖先的桌子上。在请回祖先之前，牌位架子先平放在桌上，暂时不能竖起来。

吕同教家的家堂轴子

然后要把家堂轴子请出来，一般是在上午 7～9 点进行，由家中的男性

① 吕守庭，男，南下冶村人。访谈时间：2009 年 9 月 2 日。

年长者主持，家中的其他成员都要参与，都要磕头、烧香。一般来说，家堂轴子上有一副很古老的对联，闫振芷家里的对联是“忠孝持家远，诗书处世长”。不同的家庭和地区其对子的内容会有所不同。吕安亭怕我们不知道家堂轴子，就说是“画”，原来是手工的纸画，现在街上有卖的，材料有布的、有纸的，都是印刷的。当被问到上面画的是什么时，他这样描述：“都是跟故宫很像的房子，一进院一进院的，有前院，有中间院，有后院。这种纸画集上有卖的。上面没有祖先的名字，有对联。挂在窗户（后窗）前边，挂上以后很好看，我们叫它‘轴子’。”①

请祖先的人也有讲究。请者可以是一个，两三个也行，不需要全家都去。女性可以参与，包括没出嫁的女儿和媳妇，一般媳妇较之女儿去的多。出了嫁的女儿不能再见娘家的祖先牌位。张克淦跟我们说，这是因为闺女见了娘家的牌位，娘家就会不兴旺，“败娘家”。因此，凡是涉及请祖先的场合，出嫁的女儿都要避免回娘家，“这就是祖辈上传下来的风俗”。②

至于请祖先的地点，据闫振芷说，早先是去祖宗的林地上去请，但现在一般是在村口或者门外的街上请。③ 吕安亭则认为，请老人不用跑到坟地那边请，但最好不要在家门口请，因为“老人来了嘛，你得跑远一点去接”，所以一般是在林地方向的村边上请，请的时候要说些“过节了，请回家”这样的话。综合来看，村边应该是最主要的请祖先的地点。

请祖先的时候通常要烧三炉香，有的人也烧一炉，但烧三炉的话显得更加隆重。相应地，酒壶、茶壶也都要准备好三份。水和酒都要给祖先敬上，朝着香炉的位置磕头。磕头以后就要放鞭炮，接着人们就往家走。每经过家里的一道门人们就要烧三炷香，把事先准备好的纸烧掉，把手中点着的香插在门边的墙缝上，左、右各一根。相应地，每道门旁边还要准备一根木棍子，这叫“拦门杠”，经过这道门之后就把拦门杠放下来，横在门槛上。“拦门杠”是拦着那些小鬼，小鬼们都不能进来。每过一道门，都重复以上的步骤，有多少门就重复多少次。

① 吕安亭，男，南下冶村人。访谈时间：2017年4月18日，本节凡涉及吕安亭谈祭祖的内容，皆指此次访谈。

② 张克淦，男，南下冶村人。访谈时间：2010年3月14日。

③ 闫振芷，男，南下冶村人。访谈时间：2017年4月18日，以下本节凡涉及闫振芷谈祭祖的内容，皆指此次访谈。

最后到了堂屋，把纸写的牌位放到事先准备好的牌位架子上，把香插在供桌上的香炉里。这样，祖先就被请到家里来了。接着把豆腐、蔬菜、瓜果、鱼肉、点心等供品都摆上供桌，一样一份。每一个牌位的前面都要摆上一个茶碗、一个酒盅、一双筷子。吕安亭的说法是："炒上几个菜，倒上酒，鸡、鱼、十个碗、苹果什么的都摆上。"看来，茶、酒都是作为敬奉的饮料，菜碗数目或许是个吉利的数字更好，水果、点心也要有。摆好丰盛的供品后，全家人过来给祖先磕头。从那时开始，每次吃饭，不论吃好吃坏，哪怕是稀饭、窝窝头，都要先请祖先享用。

大年初一，人们吃过早饭，即八九点钟的时候，就得出去拜年。闫振芷说："大家出去一家一家地磕头去，先是去拜访自己家的人"，也就是按照血缘关系远近的顺序，磕头就是对着牌位和家堂轴子磕。家堂轴子这里叫作"中堂轴子"，或简称"中堂""轴子"。轴子上画的就是一个中堂，两边配着一副对联，过年请祖先的时候挂上，前面桌子上再摆上红纸做的牌位（也有的家庭没有中堂只有牌位的）。至于为什么挂中堂，闫振芷说："主要就是好看点……有这个古味啊。"当有学生追问轴子上画的三进的院子是否是祖先去世之后生活的世界，闫振芷回答说："可能就是这个意思。"可见，在他看来，轴子主要的作用就是装饰，同时使神主牌显得庄严肃穆。他还说："如果现在换了新的啊，这个不能随便地扔了，得表示尊重。"值得注意的是，中堂轴子本身并不代表祖先。

正月初二下午送家堂。据闫振芷的描述，送家堂的时候，一个牌位要准备一些火纸，重新泡茶、倒酒、烧纸、磕头，祭奠祖先，再把牌位取下，把香炉里的香也拔出来，所有的拦门杠都要收起来。送的时候最好是在请来的地方送，在街上送也可以，有的只是送到家门口，祖先走了就行了。村干部吕安亭的说法是，送祖先与请祖先的地点一样，从哪儿来，送到哪儿去，一般是到村外边。对于怎样送祖先，他们也有不同的看法。闫振芷认为，要把一些小米放在水桶里，拌上一些水，烧完纸、磕完头，把混了小米的水倒掉，这水是用来给祖先饮马的，然后放鞭炮欢送。而吕安亭认为，送的时候点香、烧纸，再把红纸做的牌位给烧了，之后放鞭炮送祖先。吕安亭描述的送祖先仪式，没有类似送浆水的环节。

七月十五是另一个祭祖的重要节日，具体程序和过年请祖先基本上一

南下冶村送祖先的场景

样，但是也有一些区别，比如时间较短(就过一天而已)，仪式也相对简单些。还有就是这一天不能串门、走亲戚。就像过春节一样，七月十五前一天，人们最好把家里拾掇拾掇，打扫一下，七月十五当天早上，炒些菜，好好招待一下祖先。正如闫奉信大爷所言："你把他们请来家不就供着吗?"一般来说，菜肴较过年时的相对简单些，像闫奉信大爷自己就是"上街割点肉，做上菜饼"。[①] 供品的另外一个特点是时令瓜果比较多。民国《莱芜县志》称："七月十五日，祀先，多陈瓜果之类，俗谓'瓜果之祭'。"[②]时至今日，仍然如此。

人们做好饭菜，然后把过世老人的牌位写好，安放好，然后拿上香、火纸、酒壶到村外或到大门外去请。如果父母双亡，则父母共用一个牌位，像吕同教大爷，家里就只请一个牌位。然后挂上中堂。当天下午人们再把牌位请下来，到村外或门外头烧掉，也就是送祖先走，这时候要放鞭炮。同时，中堂也要取下收好，这就算完成了七月十五的祖先祭祀。

---

① 闫奉信，男，南下冶村人。访谈时间：2009 年 9 月 2 日。
② 民国《莱芜县志》卷七《地理志・风俗三》，1922 年铅印本。

现在南下冶村的上坟与祭祖,完全是个人及其家庭的行为。作为家庭,请的祖先往往不超过高祖,这是人们凭借记忆就能恢复的世系。由于不需保存过长的世系,所以中堂轴子上并没有世系图。世系图很短,往往意味着亡人子孙之间的关系尚在五代之内。一般的情况是,这群子孙共同上坟是理所应当的,但我们在南下冶村极少听到多个家庭联合请祖先的事情。由于缺乏联合的动力,同姓联合的观念已经非常淡薄,人们自然也就没有整合世系的必要了。因此,我们看到的家堂,它虽然也在模仿祠堂的样子,但它不将世系作为家堂的核心部分,甚至世系根本就是缺失的。

第四章
神明与请神

一、家　仙

南下冶村大部分家庭都会供养某位神明。就我们在南下冶了解到的情况，供养灶王爷是比较普遍的现象。村民也信泰山奶奶，但是不在家里供养，通常是在十月里打路斋的时候给她烧点纸钱。一般说来，现在做买卖的人供财神爷，保佑家庭平安的话就供观音菩萨，这两位神明也是人们供奉最多的。2010 年，我们在退休职工张克淦的家里就见到过供养的观音和财神。每月初一、十五烧香，祈求全家平安以及祈求在外面的孩子学业有成，求一个吉利。此种信奉，与全国其他地方差别不大。

莱芜地区常见的灶神像

在南下冶村，“家仙”是一个特指的概念。这里的大部分家庭都会在卧室一角垫高一块地方，上面放置一个小神龛，神龛上挂着布帘，所以人们一般看不到里面的神。掀开布帘，可见里面放着三个写在火纸上的牌位，这几位神明叫作“家仙”。每个家庭供奉的家仙都是一样的，分别是增福仙、老仙长、保家仙。按照字面意思理解，增福仙是增进福气的，保家仙是保护家庭的，老仙长是最高级的神，他们被统称为“家仙”。

金牛岭上的张菊美介绍说，自己家是1981年搬到岭上住的，之前在下村住的时候，家里就供奉了家仙。是否供奉家仙完全取决于个人意愿，“喜欢供奉俺就供奉，不供奉就没有要求啊”。现在没供奉家仙的都是年轻人，因为“年轻人有的想不到”。一般说来，“不过40岁不供奉家仙”。[①] 也有人告诉我们说：“老年人都信家仙。”换言之，主要是中年以上的人供奉家仙。

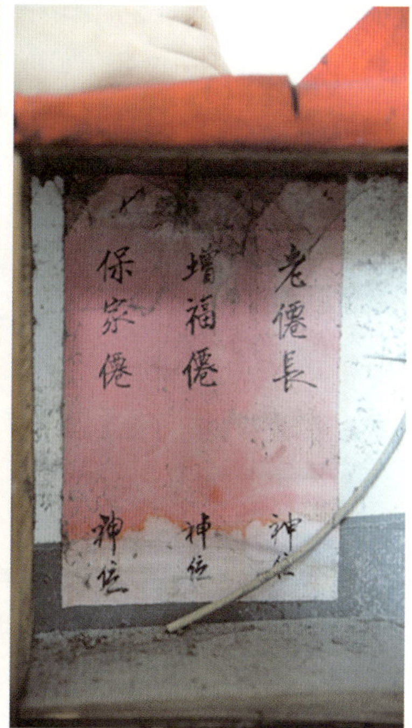

闫振芷家供奉的家仙

① 张菊美，女，南下冶村人。访谈时间：2017年4月19日。以下涉及张菊美谈家仙、神妈妈等内容，皆指此次访谈。

虽然家仙被视为神，但是又与一般的神有区别。平常家里请的神，例如观音、关帝之类，都是置于正厅明亮的地方，且恭恭敬敬地供着，不能轻忽怠慢；而家仙都在比较僻静的地方，最多的地方就是卧室角落，家仙体贴地照顾着每个家庭。张菊美说："老年人传说供奉家仙是不招小偷啊。光管自个家里，不招小偷。"在村民看来，供家仙更多的是一种风俗，就像供灶神、门神一样，一般不太考虑家仙神圣的一面。如果说门神、灶神是看管大门和灶台的，那家仙就是看顾家庭的，他们都是家庭的象征。

作为民间习俗，村民很难说得清对家仙是信还是不信。例如在金牛岭，当我们问村民："您信家仙吗？"有的人回答："家仙不是信神的事。"有的回答："该信的时候就信，不信的时候也不能全不信。"大部分村民都叫不上来三位神仙的名号，有的人知道其中有个是老仙长，但是不知道其他两位家仙的名字。甚至有的人明明说不信，但仍然践行着祭拜的习俗。

有些人，特别是受教育水平较高者一般不信家仙，有的只信其中一种。闫振芷说："我这个年龄段的人，受'文化大革命'影响很深，破除迷信，都不信这个。但是，现在又都开始信了。我从过小年就给保家仙烧香，不是每天烧，而是在节令的时候烧。"我们遇到的最多的回答就是"信就有，不信就没有"。另外一次，退休教师吕发亭家里没有供奉家仙。说："有信的有不信的。咱干这个，咱不信这个。"他不仅不信家仙，其他神明也不拜，并说自己去泰山旅游的时候，别人都烧纸，他没烧就回来了。[①]

在家里设置家仙，通常不能自己完成，而是需要依赖仪式专家。只有一次，我们听一位老人说是"自己写了个小牌位"，这算是一个例外。村民通常将仪式专家称为"神人"，但更多是称呼"神妈妈，有时又写作"神嬷嬷"，是专门请神的人，绝大部分是妇女，但也有男性。村里现在有个能掐会算的神人，叫陶发春，就是个 40 多岁的男性。据说很灵验，常有外地人慕名而来或是用车把他接去看病、算命之类。他的灵验似乎是沾了祖上的光，他有一个很厉害的"老老爷"，大概是高祖或曾祖辈，就是前文提到的陶家的御医。据陶发春说，这位老老爷在 10 多年前给他托了一个梦，传授给他一些秘诀，他醒来以后就会算命、治病了。

---

① 吕发亭，男，南下治村人。访谈时间：2017 年 4 月 19 日。

设置家仙的具体做法，就是先找神妈妈看好日子。他们看日子据说不用书，就是“掐掐算算”。神妈妈没有书，从个人的心里算出。按那老年人说就是“神人扶持啊”，到日子人们就垒上那么个台子，让神妈妈写上牌位，祭奠祭奠就安置了。

村里有好多神妈妈，金牛岭上相对比较多。随便找哪个都行，一般都找关系比较好的。南下冶村的神妈妈具体有多少人没有统计。有的妇女回答：“多少咱不知道，可是不少啊。”有一位老人告诉我们：“有岁数大的，也有岁数小的，五六十岁的有，四五十岁的也有。”有的人说：“没有才成为的（意即没有新人）。有老的，也有少的。”但也有人嫌神妈妈资历浅：“神妈妈子，尽些新人。”看来，一般年纪大、资历深的神妈妈才容易受到大家信任，但神妈妈基本上也就是四五十岁或者五六十岁的年纪。

除了安家仙、请神，神妈妈还做些通灵驱鬼之类的工作，但是大家对此的评价有分歧。闫振芷说：“这个得有信的人才行啊。你得记住一些，在人家老人那里听过一些是吧。”也就是说，一方面得有人信，一方面神妈妈要记住一些内容，接受过老人指导才行。人们对待神妈妈的态度正像村民对待家仙的态度一样。

究竟村民是如何看待神妈妈的呢？2017 年，我们在金牛岭上问神妈妈能不能治病的时候，基本上村民认为神妈妈主要治与鬼神相关的虚病，这取决于村民对疾病及生病原因的认识。有一位妇女说：“得分什么病，掉魂这样的病可以，如果是肚子疼，就不能信了。”也有人相信神妈妈有治疗其他病的能力。例如吕同教的妻子说：“大家都信神妈妈，你要是去医院看病看不好，那就去找她呗。医院看看，打针输液病还不好，就去找神妈妈说说。也有说是神妈妈说说好了的，也有说医院看好的。你看你有毛病就得信。”①

受过教育的村民由于接受了无神论、反迷信的思想，且能及时了解相关新闻，所以对神妈妈看病这一套并不赞同。例如退休教师张菊美说：“这个神啊，是信就有，不信就没有。”可是转而又说：“信就上当，你看那新闻上成天说。昨晚那新闻上说二郎下凡……尽是糊弄那有钱人的。”由此看来，村民通常只在有掉魂之类的疾病时才会向神妈妈求助，有其他疾病是不会找他们的。

① 吕同教妻，女，南下冶村人，访谈时间：2017 年 4 月 19 日。

有一次，退休教师闫振芷给我们讲了神妈妈的一些事之后，当我们提出是否可以找神妈妈聊聊时，他面露难色，说：“没意思啊，这东西其实……”

家里安了家仙之后，就得保证及时祭奠。祭奠的第一个时间是“逢年过节”，主要是过年和正月十五的时候，所有家庭无一例外。闫振芷称，在除夕夜发纸马的时候，祭祀众神的时候就顺带把家仙都祭奠了。届时一大摞的元宝、火纸，给各路神仙都分一分。路有路神、镇有镇神、家有家仙、井有井龙王，都有一份。① 我们在闫家街路口遇到一个中年男人，他也告诉我们：“逢年过节，你吃啥，供上啥。”其他固定时间祭拜的，则因人而异。例如，村民张菊美家是每个月的初一、十五，在碗里放点茶叶泡上，意思是给神喝点水，祭奠祭奠。

闫家彬家供奉的家仙

祭奠的第二个时间是“家里有点事的时候”。例如，闫家彬说：“平时家里有点儿事，也要倒上酒，烧个香。”②闫振芷称，“家里有事”是指比如孩子考

① 闫振芷，男，南下冶村人。访谈时间：2017 年 4 月 19 日。以下凡涉及闫振芷谈家仙的内容，皆指此次访谈。

② 闫家彬，男，南下冶村人。访谈时间：2017 年 4 月 18 日。以下凡涉及闫家彬谈家仙的内容，皆指此次访谈。

试、结婚，祭祀的时候顺带求家仙。结婚的时候会告诉家仙说添人丁了，孩子考试的时候祈求考个好成绩。“不过我小时候啊，很少考试，上完初小考高小那次考试了一回，大概十二三岁那时候，上完小学考初中那次考试了一回，不就那么两次考试。每到考试，俺母亲就是包糖角子，三尖的糖角子，就放那儿。”就是说将糖角子放家仙神龛前面，保佑他考个好成绩。一般而言，有事祭家仙主要是图个吉利，不见得多么期待家仙真的帮忙解决问题。我们问闫振芷：“一般孩子考试会祭一下家仙，那要是不祭会怎么样吗？”他听了哈哈大笑：“不祭啊？祭了都还考不住了。”意思是，祭了也不见得有用，祭不祭影响不大。对家仙能力的半信半疑，并不妨碍人们遇事的时候祭奠家仙。

祭奠的第三个时间是“家里做了新鲜饭食的时候”。闫家彬称：“家里来个客人，喝茶喝酒的时候，会给家仙倒上一点。”因为来了客人，家里必定做些好吃、好喝的饭菜招待一下，包括酒，也属于好的饮食，家仙也要同时享用。闫振芷也告诉我们说，家里做了什么好饭、新鲜饭食的时候，比如说猪肉包子、水饺什么的，先舀上两个给家仙，祭奠祭奠，牛肉一般不作祭品。供给家仙的新鲜饭食供一会儿就撤下来了。我们观察到，有时候祭祀用的筷子，也未必随时撤下来，就一直放在台子上，下次祭祀还用。

人们祭祀家仙，是图保佑家人顺利平安，可是有时候家人不顺的时候，也有可能归咎于家仙，甚至放弃祭祀。这样的例子不多，其中吕同教算是一个。他以前的老房子里供着家仙，后来“老人病了，找了人看了看，说是不能搁，就没有供了，就烧了”。此后他就再也没供过家仙。

二、土地爷

由南桥沿河向东行，至村东南角处，就是土地庙遗址，这里是进村的大路，进出村庄必然看到土地爷的府邸。原来的土地庙是建在半米高的平台上，占地半亩，共三小间，修建整齐，坐北朝南。土地庙，用村民的话说，就是土地老爷的宅子。

只是，这所宅子里并不仅仅住着土地老爷。原来土地庙里面有多少神明，村民的记忆并不一致。就我们知道的，大概有三种说法：第一种说法是

里面只有土地老爷。第二种说法是里面有三尊塑像。吕同教认为原先在20世纪50年代的时候，土地庙里是三尊泥塑像，中间一尊是大的，两边两尊是小的，可是三尊塑像究竟是什么神明，他说不上来。[①] 第三种说法是里面有五尊塑像。可到底塑的是哪五圣，大部分村民都说不上来。像是村民张克淦，只记得其中的四圣，即土地爷、牛王、山神，除了这三位，还有一个文书老爷，因为他拿着一本书在那，还有一个叫什么则完全没有印象了。他说五圣之中，印象较深刻的一个是山神，在土地庙东边山墙下，脚下踩着一只狼，手里拿着一只棍子。另外西边山墙的那尊不记得是什么神，拿着一个大碾似的东西。[②] 张克永老人说，土地庙里面是五尊神，但是只能举出四位：土地、龙王、山神、增福。山神俗称"山神爷爷"，但不知道是哪个山的山神。张克永解释说："早先咱从这个山上走，没有隔多少里地，就修上个山神庙子啊。山神是做啥安置的，咱也不知道。"也就是说早年村民走山路较多，这是供山神的主要原因。[③] 吕鸿儒老人也说："那个土地庙里面有五尊神位，所以叫'五圣堂'。以前是塑的神胎，当中有三尊，两边各有一尊。我不记得神像长什么样子了，听说有个塑像跟一个姓赵的很像。"[④]综合老人们的回忆来

被照壁挡住的土地庙

① 吕同教，男，南下冶村人。访谈时间：2017年4月19日。
② 张克淦，男，南下冶村人。访谈时间：2010年3月14日。
③ 张克永，男，南下冶村人。访谈时间：2017年4月19日。
④ 吕鸿儒，男，南下冶村人。访谈时间：2010年1月30日。

看，旧的五圣堂原来真的有五尊塑像。

1958年，土地庙被拆毁，此后一直到2002年重建之前，40多年间，南下冶村是没有正规的土地庙的。在没有土地庙的这段时间里，假如村里有人去世，人们就随便写个“土地之位”的牌位，把去世的人搬出去找个宽敞地方，把那牌位搁那儿，这就成了土地庙了。有村民说，这期间土地爷仍然在发挥着他的作用，只是他已居无定所，没有自己的宅子了。对此，很多村民，尤其是熟悉旧风俗的老人，很是不安。

土地庙的庙门及门口的香炉

2002年，为了改善村运与风水，村民自发地在原来旧址上重建了土地庙。我们虽然不知道具体是哪些村民，不过有人告诉我们说是村里的神妈妈倡议的。建庙的组织者之一、退休职工张克淦向我们介绍了恢复建庙的原因和经过。2002年的时候，当时一些年纪大的老头就说土地老爷托梦，说是土地爷连住的地方都没有。恰逢当时南下冶村里经常出事，“人家给看了”，也就是请风水先生看了看，就说把土地老爷这个庙给盖上就好了。然后就是老百姓自发捐钱，大伙儿叫张克淦管理这笔钱，攒起来盖庙用。钱不够的话再找村里的工厂捐款，找村里的砖厂捐砖，砖不够又用捐的钱买了一部分。建庙一共花了2000多块钱。据说庙建好以后，村里出事的人家确实少了一些。[①] 建成的土地庙只有一小间，加上前面的影壁，总共占地也不过20平方米，规模较旧庙大为缩小。

① 张克淦，男，南下冶封人。访谈时间：2010年3月14日。

庙建好后，里面的神明却成了一个问题。虽然村民通常把它叫作“土地庙”，但庙门上方却是写着繁体“五圣堂”三个字，这是组织者找村里一位姓闫的书法家写的。为什么叫“五圣堂”？大部分村民并不清楚“五圣堂”是什么意思。张克淦告诉我们，因为当初想要恢复土地庙，所以仍用旧的名称“五圣堂”。尴尬的是，原来庙里有五尊神像，结果大家只记得三圣，那两圣是谁大家都不知道，所以没有塑成。现在土地庙仅保留了“五圣堂”的庙名，有点名不副实。我们在 2009 年、2010 年去的时候，庙里还只有土地老爷的一个牌位和一个香炉，毕竟这庙最主要的是土地老爷的宅子。

大约 2015 年的时候，村里的神妈妈又给添了几个牌位。2017 年我们再去南下冶的时候，发现五圣堂里面已然有五个牌位了。土地庙内，东边墙角是一个搭起来的简陋台子，上面放置了四个木质牌位，分别供奉武当老爷、瘟神老爷、文昌老爷、当庄观爷，四个牌位前各有一个茶杯、一双筷子，再前面则摆放着一些苹果、饼干，还有一个香炉。在西边墙角，是小水泥墩垒起来的一个小神龛，里面供奉着形制相同的一个木牌位，上书“土地爷爷之位”，前面的摆设跟其他几位神仙一样。最大的不同是，土地爷没有跟其他几位神仙在一起，是独立的位置；牌位不是在台子或桌子上，而是放在地上。不管怎样，现在庙里终于有了五位神明了，五圣堂也算是名副其实了。

土地爷之位

普通村民都知道土地爷，可是对于庙里的其他神明则不甚了解，根本不清楚他们从何而来，有何说法。有很多村民，主要是男性，甚至从未进入过庙里。例如吕发亭老人，他只知道庙里肯定供奉土地老爷，可是对于庙里面是牌位还是塑像并不清楚，反而询问我们调查者里面有没有塑像。他虽然听过武当老爷、瘟神老爷、文昌老爷的名号，可是讲不出来这些神明的事迹或功能，他自打庙盖起来就没去过，对此，他好像有些不好意思，解释说："那时候我没在家，我在莱芜。"[①]与男性相比，女性参加土地庙的活动多一些，像是吕同教的妻子，因为参与过供奉活动，所以能说出武当老爷、瘟神老爷、文昌老爷等神仙的名字，但对于这些神仙有何说法，她则回答："谁知道是什么。"

即使是村里张罗白公事的专家，也就是对土地庙比较熟悉的人而言，其理解几位神仙功能的方式也很特别。例如张克永对"武当老爷"的解释是，武当"比山神还大"，因为"先有武当后有天啊"。武当老爷究竟管什么呢？张克永说："啥都管。武当老爷的意思就是，所有的灾情，他挡着，别叫咱摊着。他叫武当老爷啊，有事他就挡住啦！"我们再问文昌老爷、当庄观爷是干啥的，张克永强调说不清楚，不知道是干啥的，因为这都是传统留下的。"就是有那么个神事。烧香做啥、念词是啥的，咱不知道。庄里没有人管这种神仙的事，没大有人懂。"[②]

五圣堂武当老爷、瘟神老爷、文昌老爷、当庄观爷之位

① 吕发亭，男，南下冶村人。访谈时间：2017年4月19日。
② 张克永，男，南下冶村人。访谈时间：2017年4月19日。

由此可见，一方面，村民对神的理解并不多，神的来历、具体职能都很模糊，对他们而言，这些神是“啥都管”的，村民烧香、念词未必真正有所祈求，村民祭神更多的含义是它代表着传统，已有的“神事”不能忘。至于是否知道自己究竟拜的是什么神，对神仙的理解是否望文生义，是否知道神的名字与出处，神是否真的灵验，是否知道它与佛、道等大的神仙系统的关系，这些都不重要。用张克永的话说就是，反正庄里也没多少人懂。不过，“一时有一时的方法，总的来说，都是爱民的一些方法。武当老爷，咱啥事有难处了，他挡了，别叫灾难来，这么个道理，谁知道他真挡啊还是假挡，就是个心意嘛”。

土地爷爷为何会来南下冶呢？也就是说他个人与南下冶究竟是何关系？原来土地爷出身高贵，张克永介绍说，土地老爷姓韩，是韩湘子的叔叔。“他跟了韩湘子去，韩湘子给他安排了一个不孬的位置，他就说：‘好是蛮好啊，可是还有你婶子呢？’那个韩湘子气得一巴掌把他打下来了，打下来还说：‘你上那个大庙里头。’后来他就跑到土地庙里待着了。”[①]也就是说贪得无厌，导致土地爷被他的侄子韩湘子打下凡间，这才落脚南下冶村。

有意思的是，土地爷落脚在南下冶村，本来也多少挂念着土地奶奶。可是在南下冶村，土地爷贪得无厌，慢慢染上了赌博的恶习，“动了凡心”，后来甚至把土地奶奶输给了北下冶的土地爷爷。没人知道土地奶奶的名字，因为莱芜这边有“老婆无姓，地无主”的说法。女的改嫁，再另找个旁的姓，还是一样。正像村民刘洪生所言：“这就是一个封建说法啊，女的没有名字在，跟了姓刘的人就叫刘氏，跟了姓吕的人就叫吕氏啊。”本村土地爷爷因为赌博把土地奶奶输掉了，所以2010年我们去看的时候，村里土地庙中只放了土地奶奶的一双鞋。

南下冶村民讲这个故事的时候，都会提到这个传说在现实中的“验证”：北下冶的土地爷爷左右各一个土地奶奶，其中一个就是从南下冶土地爷爷这边赢走的。我们去北下冶村土地庙观察，果然那里的土地爷有两位夫人，都是塑像。2010年3月，北下冶奶奶庙庙会的时候，请出全村众神的牌位听戏，其中土地老爷的牌位上赫然写着“土地老爷，大奶奶、小奶奶”。

---

① 张克永，男，南下冶村人。访谈时间：2010年1月29日。

奇怪的是，我们问北下冶村民他们的土地奶奶是不是从南下冶村赢回来的，他们说是从郭家台赢回来的（郭家台是另外一个隔壁村）。对此说法，南下冶村有几位老人绝不认同，坚称北下冶的土地奶奶是从南下冶村赢走的。有的还感慨地说要把土地奶奶“赎回来”，或者帮土地爷“再找一个”。

北下冶土地庙

有证据显示，南下冶村本来就没有土地奶奶，所谓原来有土地奶奶可能是村民想象出来的。因为以前旧的土地庙里有五尊神仙，并没有土地奶奶。闫奉信老人称：“俺庄没有土地奶奶，都说土地爷爷赌博把老婆输给了北下冶的土地爷，哪有这回事啊，都是传说。”[①]我们认为，正是因为南下冶村本来就没有土地奶奶，而北下冶有两个，出于解释二者差异的需要，所以村民才想到可能自己村里以前也有土地奶奶，只不过后来没了。也就是说，这是村民面对自己与“他者”文化差异时的理解与解释。

我们又就这个现象向闫振芷求证，他说：“传统上有这么个说法，说是土地老爷和北下冶的土地老爷赌博，也不是赌博就是打赌，反正是把老婆

① 闫奉信，男，南下冶村人。访谈时间：2009 年 9 月 2 日。

输了。所以呢，北下冶土地老爷有两个女人，这里的土地老爷则是光棍。"我们问说："那咱们这个土地老爷喜欢赌博啊？""不一定是赌博啊，打赌可能是。"我们再追问："两村现实中有无渊源或其他方面的联系、交往呢？"闫振芷说："南下冶、北下冶没什么渊源。据我在历史典籍上看到的，宋朝时候这儿可能是有过冶炼的作坊，所以都叫'下治'。"[①]换言之，除了村名上有相同字眼外，两村并无特别的关系，所以这个传说并没有处理村际关系这种现实的需要，它可能只是人们对文化差异（即本村没有土地奶奶，而北下冶却有两位）的解释。

北下冶土地爷爷与两位土地奶奶

这个传说产生的年代应该是1958年毁庙之前。该传说基于以下几个证据：首先，传说的前提是南下冶土地庙还存在、土地爷还有塑像的年代，因为更加人格化的土地爷爷才需要土地奶奶的陪伴，这对应的是旧土地庙的情况。其次，土地老爷赌博故事的背景正是旧时村里赌博之风盛行的映照，本村几个大户的衰落就是因为赌博，所以大家想当然认为土地爷光棍

① 闫振芷，男，南下冶村人。访谈时间：2017年4月18日。

一人，也是因为赌博所致。以前老人常常这样劝诫孩子：“你看，土地老爷都把老婆输给别的村了。”以此警示年轻人不能赌博。1949年后，村里几乎没有人赌博了，赌博在人们的认知中已经很遥远，以至于像闫振芷认为的那样，应该是打赌而非赌博，所以这个传说不太可能是1949年后产生的。再次，传说的讲述者都是六七十岁甚至80多岁的老人，也说明这是以前流传的，而不太可能是近年出现的。

北下冶庙会请的土地爷及其他神祇牌位

相对而言，村民对土地爷爷的事迹就知道的多了。张克永说：“就像比对着咱这个老百姓来说，土地爷爷就是个村长。”“没了人，不得上他那里泼汤啊，就那么个事。土地爷爷、阎王爷爷，谁知道管啊是不管啊，就是这么个事。”关于泼汤，张克永说：“人们磕个头，烧两张纸，抬着那个罐子把那点水倒了，就回来。”罐子就是一般的水桶。“要是死一个人这样，得俩人抬着；要两个人死了，就挑着。”桶里是“好水”，捏上一点小米，泼在庙外头。“这就是迷信。这个小米呢，一把小米就顶个馒头吃，泼在地下，这就是神话故事啦。那邪魔鬼祟他来抢个馒头吃，就那么个道理，就那么个心意吧，

谁知道是真是假啊。”①

以前村里人去世之后，无论是泼汤，还是送盘缠、指路，都是在土地庙门口举行。老人过世以后在家里停一天，第二天出殡，家里子女有在外面工作来不了的，就要视情况决定是否需要再等一天。人们送浆水，通常是在一天的早上、中午和晚上泼三次汤，但也有泼一回、泼两回的，这要根据天气、家庭经济条件来决定。例如，下大雨就泼一回；要是只发一天丧也就泼一回汤。另外家里条件差的就少破费点，条件好的就多破费点。只要是家人，儿子、闺女、媳妇、孙子、孙女都可以去泼，小孩晚辈还要磕头。泼汤的时候需要有人在土地老爷那里烧纸，不需要放鞭炮。有的村里泼汤还要唱三天戏，南下冶则没有为此而唱戏的风俗。

张克永在讲解传统白公事的风俗

新庙虽然建好10多年了，但是很多村民仍然不太适应去那里，仍保留着过去的习惯，即在自己家附近路口临时安排牌位替代土地爷。路远是最重要的原因，尤其是距离土地庙最远的金牛岭，人们更是如此。张克淦说：

① 张克永，男，南下冶人。访谈时间：2017年4月19日。

"现在家里有人过世的时候，距离土地庙近的人就会去送浆水，距离远的吧，就找个闲地方，给安上个牌位，烧上香，把土地老爷请过去，就在那里泼汤。"①闫奉信也说："土地庙是在 2002 或是 2003 年重修的，用的人也不大多了。一是距离太远了不方便；二是在路口上，有很多人看，人家就不去了。"②离家较近的各个路口成了人们经常性的祭祀地点。

人们过年祭祀众神时，会顺带给土地爷烧烧纸。农历二月初二的时候，也要到土地庙祭祀。二月初二是土地爷的生日。南下冶有俗语说："土地老爷还攀个二月二呢！"意思是，连土地爷这样低级的神明也有自己的节日。每到二月初二，总会有一些虔诚的人们去祭奠。祭奠的一般都是妇女，尤其是老年妇女，她们差不多每年都去。她们拿着元宝、香烛、黄表纸等祭品去给土地老爷过生日，放一挂鞭炮。吕家胡同那里的人也说，这天要去土地庙烧纸、烧香，炒上几个菜，祭奠祭奠。

不过，跟以前相比，现在在土地庙上香的人越来越少了，即使是过年与二月初二，大部分村民也不去，尤其年轻人、男性几乎都不去，以至于人们对这个祭祀的印象都已经模糊。闫振芷说："二月初二是土地老爷生日啊，现在没有人祭奠了，我寻思着可能要烧纸，我有模模糊糊的印象。以前二月初二这天要烧纸，现在没这个事了。"③我们经常能听到年老的村民感慨："也没信这个的人了！"

三、志　公

南下冶村信仰的神明，以志公最具代表性，因为整个颜庄镇乃至钢城区只有南下冶一个村子信仰志公。志公又称"支公""智公"，是雨神。村里民谣云："刮东风，刮西风，单等南下冶请志公。"请志公两种请法：一种是在本村附近，面向志公法身所在的淄博五阳山的方向，以神主牌代替志公法身，通常称"请志公"，仪式相对简单。另一种是村民亲自到五阳山把志公法身即塑像搬回来，通常称"搬志公"，仪式较为复杂。

① 张克淦，男，南下冶村人。访谈时间：2010 年 3 月 14 日。
② 闫奉信，男，南下冶村人。访谈时间：2009 年 9 月 2 日。
③ 闫振芷，男，南下冶村人。访谈时间：2010 年 3 月 13 日。

这种求雨的风俗古已有之。根据明万历八年(1580 年)五阳山“创修志公祖师神位”的摩崖石刻资料,万历八年是“创修”志公塑像的年份,也就是说,此前志公是没有塑像的,所以南下冶到五阳山“搬志公”的祈雨习俗,应该不会早于明万历时期。村民记忆中最近一次“搬志公”的仪式,可以追溯到 1924 年,而最后一次大规模“请志公”是在 1949 年。也就是说,南下冶“搬志公”的活动,最长可能存在了大约 370 年。

五阳山志公庙

至于志公老爷姓甚名谁,从何而来,有何典故,则众说纷纭,甚至连他的名字怎么写也有分歧。据说淄博博山五阳山是他的老家,历代庙碑上写的都是繁体的“誌”(即“志”),本节采用的也是这一汉字。南下冶村的介绍资料上多为“智”字。闫振芷曾写了篇文章《南下冶村搬支公求雨的传说》,将其考证为“支”,并赋予了他完整的姓名:“支公姓林,名道然,字宝智,农家出身,少贫。”这显然更多地具有了文学创作的意味。我们后来与闫振芷聊到这个问题,他说:

“志公”到底是哪两个字,在我写材料的时候,也考察过这个事。因为大约从这个东汉末年就来过一个人叫支谶,从印度出发经过西藏、新疆那边过来的佛教徒。那边过来的好几个姓支的人,还有叫支

什么的，完了东晋还有一个人叫支遁。这个事情啊，李白有一篇文章，说"志公化诞"，这篇文章我这儿都有。传统地说起来啊，都是"智慧"的"智"。这个博山石马山那儿呢，它写的是同志的"志"。还有人写这个"郅"。到底是哪个字呢，说不准，因为民间它只有这么个传说。[①]

在笔者看来，志公究竟是来自佛教、道教还是民间宗教并不重要，因为现实中根本无法清晰区分，老百姓也没有分类的概念。志公庙所在的五阳山，也称"石马山"，现在属于淄博市博山区；五阳山有明万历三年（1575 年）的封山碑，表明当时本山属于博山县朱庄社管辖，民国时期它一度属于莱芜。民国《莱芜县志》称："石马山，在县东北八十里，界连博山，山阴有洞可避乱。"[②]相关资料表明，这个洞原名就叫"志公洞"，里面供奉志公。现在五阳山上有玉皇庙、吕祖阁、望月亭、志公殿、三官殿、三霄祠、三大士庙、财神庙、韦陀庙、龙王庙、马王庙、牛王庙等 10 多处殿宇，这些殿宇所供神明，显然并不能够完全用道教来概括。

南下冶村作为朝山的诸多村落之一，历史上多次参与五阳山诸寺庙的修建，也因此留下了若干参与五阳山修庙捐款的记录。就笔者掌握的资料而言，例如清光绪二十八年（1902 年）《重修颜文姜庙序》，淄博的生员等人发起重修，捐款的有数十个村庄，其中南下冶捐钱 2 万文。1917 年《望月亭记》记载了吕祖乩示在佛阁前建亭，"为乩卜设坛所"，题名的除了"本村"外，施财姓名则首列南下冶、北山阳、坡草洼三村，分别捐钱 2 万文、5000 文、1 万文，但下面也列了窑光庄、蛟龙庄、西石庄、朱家庄、淄井庄等附近的村庄。1929 年《重修碑记》记载诸庙基本上是明代创立，记载了博山庠生翟毓枢等人在博山、莱芜募化重修广生殿的经过，趁此机会重新装修的则有五阳山的殿宇，计有玉皇宫、三元宫、吕祖阁、志公殿、广生殿、财神殿、龙王庙、三大士庙等，这些庙宇的塑像也被重新装饰。捐款的主要是淄博和莱芜两地的村落，捐款者首列莱芜的几个村落，其中南下冶捐银 9 两 3 钱 3 分，皇姑殿捐钱 3000 文，郭家台捐钱 2000 文，坡草洼捐银 10 两，这都是以村落为单位捐的。此外还有石马山附近的蛟龙庄及博山诸绅士、普通民众

① 闫振芷，男，南下冶村人。访谈时间：2017 年 4 月 19 日。如无特别说明，本节引用闫振芷的话皆来自此次访谈。

② 民国《莱芜县志》卷二《地理志・山四》，1922 年铅印本。

捐款，他们都是以个人为单位，并不以村庄为单位。这大概是因为他们是博山本地人，入村募化简便易行。但南下冶等莱芜境内的村落距离遥远，常以村落为单位参与五阳山宗教活动，所以募化也以村落为单位。[①]

五阳山上的摩崖石刻

尽管去五阳山搬志公的仪式已经是 80 多年前的事了，但搬志公仪式规模大、持续时间长，成了代代口耳相传的村落文化传统。现在上了年纪的村民都知道五阳山上有一座志公老爷庙。虽然在他们的记忆中没人去过五阳山搬过志公，但是每当举行小规模祈雨仪式"请志公"之时，都是这种记忆被强化的时候，因此五阳山在部分老人心目中依然如圣地一般。如小时候参加过"请志公"仪式的张景春说，"他的庙在那个石马山上，我以前从那里经过，在那个石头后面。"并且表示说："这段时间啊，我打算约上一些老头，买上两打纸，雇个出租车，去瞧瞧去，给他烧纸。这是咱庄里的志公！"[②]闫振芷也专门去过五阳山观察志公塑像保存的情况，并查看了碑刻

① 以上碑刻分别参见赵卫东等主编：《山东道教碑刻集·博山卷》，齐鲁书社 2013 年版，第 107 页～111 页、第 116～117、第 428～431 页。

② 张景春，男，南下冶村人。访谈时间：2010 年 1 月 29 日。如无特别说明，本节引用张景春的话皆来自此次访谈。

等历史资料。

南下冶村的老人都能说出志公的故事，这些故事都认为志公本来是人，只是后来吃了老参成了仙。志公的传说不限于南下冶村，在志公信仰流传的地区，例如淄博，也有类似的传说，它们可能影响到南下冶村的志公故事。下面是在南下冶村搜集到的口述版本：

版本一：据说，志公是在上学的时候，他老师逮了个参娃子，后来他老师赶集去，叫他看着在那煮参娃子。老师走了以后，志公闻着煮得很香，就把它给吃了。他老师回来不干了。有一个叫花子在旁边"哇呜哇呜"地叫，志公就把汤给那个叫花子吃了，他拍了那个叫花子一巴掌，那个叫花子就变成一只虎，志公就骑着这老虎走了，成了神了。（讲述人：吕鸿儒、闫奉翔）

版本二：原来他是跟着他老师学道，在这个腾云寺学法啊，那时候。据说他是在鲁山，齐鲁的鲁，在这呢。他在这儿跟着他老师学道吧，老师出去云游去了，他在家里就把山里一个老参挖出来吃了。据说啊，寺院喂的猫也喝了一口汤，说是这个猫也有了仙气了，结果他怕老师发现了，便把刷锅水倒到门外头了，结果这腾云寺顶上就云腾雾罩、红光罩顶了。（讲述人：闫振芷）

这两个故事在内容方面有类似的地方，都是说志公偷吃老参成仙的，都是带走了一只老虎坐骑，尽管这只老虎也是其他人物或生物幻化而成（上述闫振芷版本的故事只言猫喝了汤成仙，猫变老虎之说参考了他以前的访谈笔记）。关于偷吃老师的人参的环节，笔者推测可能与志公出身有关，细节待考。关于骑虎的环节，是因为五阳山志公殿的志公塑像就是骑着老虎的。南下冶的老人们即便没有去过五阳山，也应该听前辈们讲过志公坐骑的事，何况闫振芷本人曾经去看过。他曾在文章中写道："神殿向南，依山凿室，支公坐下是一只斑斓猛虎，支公神像坐于虎背之上。"[1]在这篇文章中，闫振芷详细介绍了志公的传说，不过，在当面请教闫振芷时，他告诉我们："这都是传说，我不大信这些东西。神仙也不是生来就是神仙啊，他也是人，只因做了好事什么的，才被人们神化乃至于供奉。不就和现

① 闫振芷：《南下冶村搬支公求雨的传说》，政协莱芜市钢城区委员会编：《钢城文史》第5辑，第295页。如无特别说明，本节引用的闫振芷的文章皆指此文。

在供财神关公一样啊，关公讲兄弟义气，大仁大义啊！关公他就是真神啊？”在他看来，志公帮助百姓、大仁大义的事迹才是主要的，神性的因素被尽量淡化了。

莱芜市祭祀志公的村落，就南下冶、坡草洼、山阳等三个村，据说五阳山的志公老爷有三个神胎，每村一个，所以三个村都是单独请神。闫振芷说：“就这三个地方请，旁的地方不允许请。”南下冶村没人知道志公的老家在何地，但公认本村的闫家是他的姥姥家，高庄镇的坡草洼亓家则是他的姑姑家，口镇山阳村是他姨家。虽然都是志公的亲戚，但不会和坡头洼、山阳村一起搬志公。闫振芷说：“求雨的那个志公，跟姓闫的是亲戚，这个是祖传的。”也就是说，在这几个村看来，他们请的不仅是神，还是亲戚。闫振芷曾经将请祖先与请志公进行类比，“请志公，就和过年请家堂一样的请法”。

南下冶村求雨有“搬志公”与“请志公”两种不同的方式。“请志公”是去黄花店那边的河沿请，请的是牌位。据闫振芷说本来也是去五阳山请，后来上镇里头请，再后来就渐渐地到黄花店请了。这个说法我们无法验证，因为村民记忆中都是去黄花店请。“搬志公”不一样，需要去博山的五阳山上搬，搬的不是牌位，而是神像。由于“搬志公”需要大量人力、物力、财力以及花费更多时间，它并不像“请志公”那么简便易行，所以也没那么频繁。现在的村民虽然都知道有“搬志公”这回事，也听更老的一辈的人讲起过，但没有人亲身经历过。相对而言，很多参加过“请志公”的老人都健在，有的八九十岁的老人一共参加过三次。

沂源县腾云寺志公塔

2010 年，吕守庭告诉我们："我就记得一次，那个伞楞大楞大的。现在我 68 岁，那时也就五六岁，60 多年了。"[①]据此推测，村里至少在 20 世纪 40 年代后期还请过志公。根据闫振芷的考证，最后一次大规模"请志公"是在 1949 年，与吕守庭的回忆刚好吻合。后来闫振芷在写《南下冶村搬支公求雨的传说》一文的时候，曾经访问过村里的老人。我们调查时，也获得了很多口述资料，下面的描述是基于我们的访谈资料，并适当参考该文而成。当然，我们侧重点是"请志公"，附带也讲下"搬志公"。

夏天麦收之后，往往是久旱无雨、禾苗干枯的时候，这时村里就要举行"请志公"的仪式。这个决策需要通过"设盘开沙"的方式来做。闫振芷在文中写道：

> 村里自古以来就有一套"搬支公"求雨的设备，包括开沙机、沙盘、锣鼓长号一整套、万民伞、大红袍、飞龙旗、飞虎旗、飞豹旗、旗牌三扇，还有一些祭器。沙盘是一块一平方米的木质浅方盘。设盘时，铺一层薄沙，用一个两把的沙机，由两个道德高尚的人架机在沙上画符号，然后再让识字先生识认画出的字，这叫"断训"。若断不准再画，三断不准，神则生气在沙盘上乱画一气。一断若准，则沙机不会再动。按盘上的字，若断出不能搬，则第二天再问，直到能搬为止。

当确定可以"搬(请)志公"以后，村里的领导或决策者就会派人在村中敲锣宣告："要请'志公老爷'了"。所有村民都要做好准备。"请志公"期间有许多忌讳。就像过年请祖先一样，在把神邀请来之前，先把家里、个人收拾干净，以表示尊敬虔诚。"整个村子的人都去，都得打扮得好好的，照现在说就是洗得干干净净的，打扮得清清爽爽的。你要是穿得破破烂烂，灰头土脸的，是对神明不敬啊！"

"请志公"期间要吃清斋三天。张克永、闫奉信等回忆说："早先时候叫庄长，他派上人，敲上锣：'要请志公老爷了，吃清斋。'吃三天清斋。猪肉烟酒不让吃(吃烟即抽烟)，猪油不让吃，吃点花生油，葱蒜不让吃。"[②]张景春说："那时候很严啊，要有一个人敲着锣，围着街转，吃清斋啊。蒜、腥、辣椒

① 吕守庭，男，南下冶村人。访谈时间：2010 年 9 月 2 日。

② 闫奉信、张克永，男，南下冶村人。访谈时间：2009 年 9 月 2 日。如无特别说明，本节引用的闫奉信、张克永的话皆来自此次访谈。

都不能吃，三天不吃肉。”。当时所有村民都要吃清斋，包括妇女、小孩。闫奉信说：“供养志公，等到下雨后晴了天就把志公老爷送走，从哪里请来的就送回哪里去。队伍还是原先那些人组成的。供养志公期间也要斋戒，大家都信。请来以后不送走的话，就不开斋！”

“请志公”期间妇女不让出来。就华北的很多求雨仪式来说，在仪式持续的日子里，参与仪式的人是禁女色的，这与吃清斋是一个逻辑，即禁欲才能够激发神圣感。不过，一般的祈雨仪式不禁止妇女出来参与，尤其是烧香更是以妇女为主。但在南下冶村，却全面禁止妇女参与。对此，张景春说：“志公老爷犯过妇女。妇女都待在家里，不让出来。有的妇女，还趴在墙头看看。请来以后，三天之内肯定下雨。小孩、妇女不让去，土地爷不承认。都是男人去，不让妇女看。”闫振芷说：“‘请志公’女人不能参与。‘请志公’就是去请，也得扎彩棚，也得正规些……以前咱们这里男和女不一样，女人不能出去参加祭祀。”

究竟什么人才能“请志公”呢？闫振芷说“请志公”的人多是要那种“板正(即端正、认真)的”。“板正的人”说话有根据，不会胡言乱语。一般是请闫、吕、张这些老牌的姓氏多些。现在村里各姓都差不多，没有什么特别有威望的。用闫振芷的话就是：“你得选出来有道德、有威望、品行很好、能做大事的人。不必是姓闫的人，谁家也行，谁家都可以参与。但是庄里意见得一致，你不能说张家也请，吕家也请，不是那么回事。”

尽管“请志公”的人不一定是姓闫一族，但是闫姓一族好像具有不可或缺的作用。闫振芷说：“咱这里姓闫的是志公姥娘家啊，离了姓闫的也不行啊。”这个公认的说法本身就昭示了闫氏在志公祭祀一事上的重要性，尽管我们无法还原具体的历史原因。虽然现在多是神妈妈“请志公”，但闫振芷说：“你现在要是真旱急了眼啊，那老妈妈啊，也离不了姓闫的。”

“请志公”的时候用的是“旗牌伞扇”，亲历者对旗、伞的印象十分深刻。吕鸿儒说：“我参加过的，架的是那个蓝色的大旗，志公在那个伞下面，我参加那年10多岁。”[①]张景春说：“我记事啊，请了三回，第二回我就架着大旗了。那个旗啊，架不动啊，要一个人架着，两边用绳子拴着。那个大伞就和

① 吕鸿儒，男，南下冶村人。访谈时间：2010年1月30日。如无特别说明，下文引用吕鸿儒的话也来自此次访谈。

皇上顶的那个伞似的，有个老头端着志公老爷的牌位，站在那个伞的底下。”这个大伞有3米多长，一个人根本扛不动，只能是一个人架着，两边用绳子拉着给它稳住，一步一步向前。闫振芷介绍说这个“扇子是布条子做的，也有一个杆子”。

举行仪式的那天，挑选年轻力壮的男子汉架着大旗、大伞，一路吹吹打打向村子的北边走去。“请志公”要用两套锣鼓，队伍前面一套，后面一套。当时南下冶村有全套的锣鼓乐器，敲锣打鼓者也全部是本村人。虽然南下冶本村也有唱戏的，但“请志公”的时候不唱戏，只是敲锣打鼓，所以有村民用“旗牌伞扇，锣鼓喧天”八个字来形容当年“请志公”的盛况。闫振芷说：“迎请的同时还要放鞭炮，就是采矿开山用的那种炮，用火硝、木炭等制成的。虽然按说妇女小孩不能看‘请志公’，但实际上，村里的小孩多跟着去围观。”参与过的年老的村民提到当年的盛况时总是很感慨。张景春说，当时“可隆重了，这就是历史啊，就信这个啊”！

“请志公”的地点是黄花店那边的河边。有老人跟我们说，请神是在南下冶村北边的路口，另外还有人说中午的时候去河沿请。于是，人们把瓜果之类的供品摆上，把早已准备好的黄表纸、元宝等烧给他，再捧一个写有“志公老爷之位”的牌位，走在那把大伞下面，把志公老爷请回去。

请来了志公老爷以后，人们就把他供奉在村里原先小学堂中临时搭建的一个棚屋里。闫振芷在文章中并没有提到学校这类的字眼，而是“选择一敞亮的场院”；在访谈中，他又称之为“坛屋”。“以前说的坛屋，就是现在的办公室。学校是公共的，不能放在老百姓家里啊！”小学校这个地点，有村民怀疑曾经是闫家的家庙。例如，吕鸿儒说：“供养志公的西边那里，现在都成了民居了，原先是闫家家庙，后来归了村里所有了。”但是本村本来就没有闫氏家庙，所以这个可能是猜测，目的可能是将“闫氏是志公姥娘家”的说法合理化。闫振芷介绍说，这个棚屋是长木杆、草席扎起来的，前面铺上染色的棉布，像戏棚一样。两面还有对联：“南蒲行云支公济世下普雨，东坡喜雨子瞻裕民庆名亭。”

志公老爷的牌位请回来后放在棚屋中的桌子上，供养上。由村中的年长者在那里轮流长跪、看守志公牌位或支应一些村民上香的事，用村民的话说就是“去那里伺候”。伺候志公的人主要包括年纪大的、德高望重的、

各家族的族长等，总之是有办事能力的人。村民带来的供品，不能自己放到供桌上，需要这些老人安排，转达给神。如果村民有衣着、话语等方面的不庄重的行为，他们也要严肃纠正。据说 1947 年那一次“请志公”，当时虽然是酷暑天气，但负责的老头也得扣脖严领的，不能敞着怀。偏偏村民狄青山吃了午饭去棚里闲逛了一圈，关键是他当时穿着个三角裤头，于是被那些老人训斥了一番。

村民们要连续三天供养志公老爷，在这期间，全体村民均要斋戒。村里的每家每户都会按日子去给志公老爷上供，隔壁的西沟村、黄花店的村民也来烧香、供养。供品多是纸叠的元宝、黄表纸、素包子、黄瓜纽子、油炸果子等。闫振芷认为供志公类似供祖先。他说：“你只要请来了以后，吃饭的时候不能坐下来就吃，得先供养祖先。供志公就是谁家里做了饭了，拾掇上一篮子，挎着去。那里有彩棚啊，有神坛啊。到那儿以后有个专门负责的，不是说你去了以后就祭奠祭奠，不是那意思，是你去了以后就把东西给人家，负责的人拿进去以后把你那个饭摆上，也就说有专门组织和管理的人。”负责上供的是各家的男性，妇女不能过来。上完供，由伺候的老人再将这些供品放回村民的食盒内，由村民带回自己家中，只要把虔诚的心意传达给志公老爷就可以了。

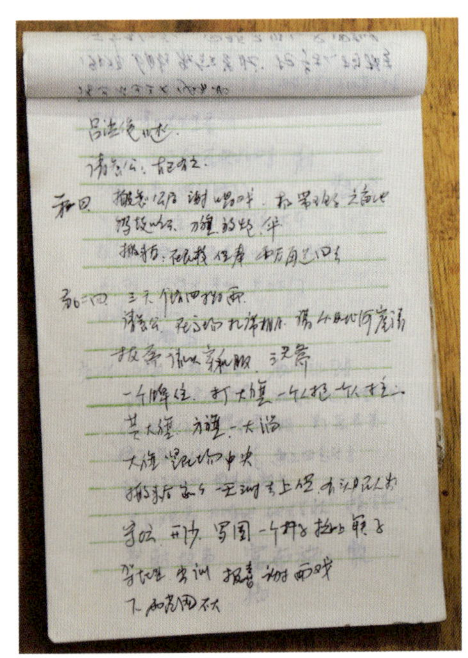

闫振芷关于请志公仪式的笔记

求雨过程的宏大场面、复杂程序、诸多禁忌表明仪式的重要与村民的虔诚，它昭示着一种神圣、一种灵验。张景春听那些伺候过志公的人讲过，他们看见过志公老爷骑着虎来了。“那老头在那守着。你请来以后吧，将要出太阳的时候，有一股子东西从地上飞到天上，是火(虎)萤子。这不是说瞎话，那老头说：'我逮来看，就是一个麻头萤。'从地上往天上升啊，这就证明志公老爷来了。你这见了火(虎)萤子，就知道志公老爷来了。"闫振芷也在文章中描述过这种萤火虫："虎萤是一种黑色萤虫，样子像大翅蚂蚁，但略大，和狗萤差不多大小，我在五阳山支公殿附近见过，纷纷扬扬地在殿外飞舞。"

与"请志公"相比，人们相信"搬志公"过程更辛苦、仪式更隆重，所以会更加灵验，一搬就下雨，但是过程也更麻烦。张景春说：

> 搬志公很费事啊，要扎辇子，还要一路抬着来啊。抬的话，还得从那个志公山往下背呢，上不去啊，那个山很陡啊！得把塑像背下来，放在辇上，人们抬着，也是锣鼓喧天啊！将其抬回到村子里，下了雨之后，再把它送回山上去。搬是把神像从山上抬来，请就只是在河沿上。请志公很灵验，什么时候请什么时候下，更别说搬了，搬志公要比请志公更灵。
>
> 搬志公的话，唱了戏，塑了神，需要扎了辇，拿着旗牌伞扇，抬着塑像送回它的庙里去；要是请志公的话，下了雨也要祭奠了以后送它走。搬很麻烦，轻易不搬，那时候搬不起了啊！打我记事，都没见搬志公的，只见过请了三回。

在村民看来，"搬志公"比"请志公"更正规。闫振芷说："从 1925 年搬了志公以后就没再搬过了。1949 年以后，人们就很少祭祀这个志公了。我没参加过，但我问过一些老人家。2017 年写材料的时候啊，我也走访过这些老人家，当时我跟谁唠了啊，姓王的，我一个二姥爷。他就说过：'当时，我不记得搬志公，但是我还记得请志公。'搬志公和请志公不是一回事。"

南下冶村老人们对于"搬志公"时常见的描述是既"费事"又"麻烦"。表现在：一是耗费的时间更多。五阳山距离南下冶村有 150 多里路，以前全是走路过去。像是张克永、闫奉信他们就说："去五阳山上'搬志公'，搬来的是泥胎。一般情况下人们不搬。那时候人们的生活条件不行啊，一去一大伙子人，一天回不来啊，来回两天啊，旗牌伞扇的，相当麻烦啊！"二是成本太高。张克永、闫奉信说的"那时候人们的生活条件不行"，就是说一大帮人，来回两天，成本太高了。闫振芷说："'搬志公'和'请志公'不一样的，'搬志公'可麻烦了，得到处找人。准备好了以后人们拿着吹打的锣鼓，

打着旗牌扇伞的，向那里去啊。‘搬志公’都是去石马山，那儿有个碑文记载得很清楚。人们得拿钱啊，那时候哪有什么钱啊。过去就黄花店、坡头洼拿过钱。”他们把庙宇碑文中的捐款看成了是“搬志公”时要交的钱。

“搬志公”不仅麻烦，而且在来回的路上有很多禁忌。闫振芷在文章中说：“搬来志公下过雨后，要把支公法身恭敬地送回五阳山志公殿原样供好，仪仗队伍照样跟随，叩谢返回。回来路上众人谨言慎行，只能说正话、讲人话，不能打诳语、说荤话，否则必受志公老爷责罚。据说有一年搬支公，有个搬法身的人是第一次参与，一看是个泥胎，就说：‘志公老爷不就是这么个泥胎，我自己也能背仨。’结果，走在路上越背越沉，压得他弯了腰，后来一步不小心，‘咯噔’一下，他大喊一声：‘坏了！直不起腰来了！’别人帮他背，他弯着腰一步一换地回来，躺了一个多月且落下终身腰疼的毛病。”

历史上，因为“搬志公”搬错了，南下冶和坡草洼还打了一场“神官司”。张景春说：“坡草洼村里也有个志公，但他那个不灵。有一年他们去搬，把我们庄里的志公给搬回去了，然后他们那个庄里没下雨。人家老头都认得啊，咱们庄的志公老爷，下巴下面有一个大痦子，一看这不搬错了啊。他们搬了去，咱这里下雨了。两个村子就打了仗了，旗牌伞扇撕了个尽，要出人命，惊动了县大老爷，打了官司。打了官司怎么办呢？他们把咱们村的旗牌伞扇撕了，然后赔了，把志公老爷换了回来。”吕鸿儒记忆的却是南下冶村搬错了：“每一个志公都有一个记号，可能是怕搬错了。我们的塑得早，坡草洼的塑得新，我们把坡草洼的志公给搬来了，他们

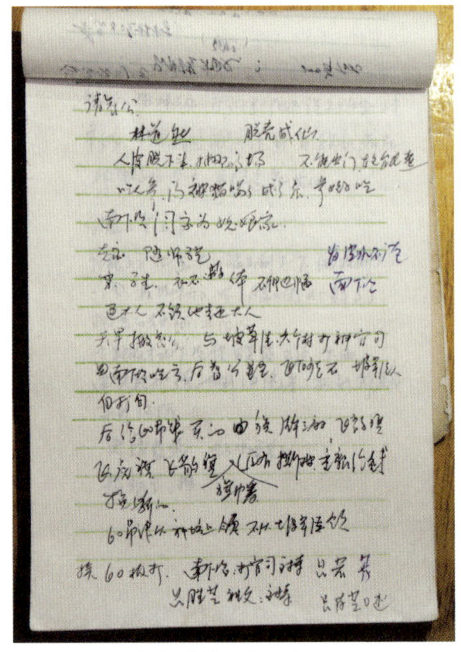

闫振芷关于南下冶
与坡草洼神官司的采访笔记

把我们的旗牌伞扇都撕坏了。”打神官司的结果是坡草洼赔了南下冶村 60 吊钱，重新购置旗牌伞扇。但是赔的钱从神坛上领，而不是从坡草洼领，这可能是考虑到了坡草洼村民的面子。村落间的冲突突出了“请志公”作为村落集体活动的特征，有强化村落文化认同的意义。

“请志公”的日期需要通过扶乩决定，当地人叫“开沙”，请回来预测下雨日期也需要“开沙”。根据张景春的描述，开沙就是在沙盘上放上一个小棍棒，两个人架着它写字，写的字据说是志公老爷的指示，“写的那字，现在的高中生也写不来啊，什么时候下雨，他都和你说”。当时应该有些村民顺便找乩童问事，所以开沙根据询问对象的学问深浅，写字有区别。吕鸿儒介绍说：

> 开沙是请来志公以后举行，就是为了问志公老爷什么时候下雨。志公老爷写字开沙，是根据你这个学问的高低。学问高的，他就写高深的、难的；学问浅的，他就写个简单的。史新斋是一个秀才，他是黄花店人。乩童画了一个圈，打上一道杠。他说：“没有这个字啊，查《康熙字典》都没查出来！”他老爷也不识字，他就说：“你不认识啊，这是个‘滚’，叫你滚啊！”

也就是说，乩童本来画的类似滚铁环游戏中的铁环，史秀才说查不到，被不识字的村民笑称是“滚”字，这是玩笑话。从这个故事可见众人围观开沙时欢乐的气氛。

曾经参与祈雨的村民普遍认为，志公很灵验，每请必下雨。张景春说：“三天内准下雨。”可是如果三天没下雨怎么办呢？闫振芷说，如果不下雨就再请，一直求到下雨为止，雨过天晴才送志公走。送志公的时候，队伍还是由原先那些人组成，仪式也基本上一样，把志公送到原先那个路口，再把那个写着“志公老爷之位”的纸牌位烧掉以后，整个仪式也就结束了。送完志公法身后，村里要请戏班唱戏三天，同时还得杀猪贺雨。闫振芷说：“杀个猪贺雨，我在那个材料上说过。原来唐朝的王驾也是弄这个来。他有首诗里面说：‘桑柘影斜春社散，家家扶得醉人归。’”他解释说，南下冶的祈雨与唐代的社祭类似，就是各家分了贺雨肉之后，零碎下货煮了当下酒菜，喝贺雨酒，痛快淋漓，一醉方休。

从“请志公”到“送志公”，复杂的仪式本来就很累人，但假如过程中人

们有所懈怠，就有可能得罪志公，影响下次求雨的效果。吕鸿儒给我们说了这样一个故事：有一回，人们请来志公下了雨以后，大家都忙着种地了。说是请来的时候是旗牌伞扇、锣鼓喧天，这么大阵势，很重视的，送志公回去的时候就让毛驴子给驮回去了，志公不愿意了，后来再请就不下雨了。结论就是，送志公应该和请志公一样隆重。这个故事将一个没显灵（没下雨）的故事，解说成显灵的故事（故意不下雨），目的是要警示村民避免仪式上的懈怠。

关于志公老爷显灵的事，村里老人总能说出一些典故。说是有一次，村里举行"请志公"的仪式，北边一些村子的村民就奚落我们："你们请他，他就能给你下雨吗？"他们并不相信志公老爷真有这个本领。可是不久就真的下起雨来，而且就只下在南下冶这一个村子，往北没下到黄花店，往南没下到埠东村。村里人说这真是志公老爷显灵啊！另外，本地下雨一般不打雷，村民认为不打雷说明志公老爷在偷偷下雨，而且只能下四指雨。张景春说："打我记事起，请了志公三回。他下雨不打雷，志公老爷据说是偷着下雨，不让玉皇大帝知道，一打雷不就有动静了啊。"张克永也说，虽然莱芜的地理条件是"十年九旱"，但志公老爷只有下四指雨的权力，"多了白搭，他没有那么大的权力"。在老人们看来，从雨量、下雨的范围、下雨的方式上都说明志公对本村眷顾有加。

有些文化水平高的村民对于志公显灵不以为然，主要还是相信科学的解释。例如，闫振芷在他文章中用的措辞是"据老人说，只要心诚意实，程序严格，求雨极其灵验"，"据说心诚则灵，只要真心请了志公来也照样下雨"等，这算是实事求是的立场。再比如所谓这村下雨隔壁村不下的事，他在访谈中说："你说显灵也不对，有时候北边下雨，咱这里也是晴天啊。"对于求雨得雨，评论说："时候长了不就下雨了么？还有不下雨的天啊？你要不信，你请他干什么？"而对于四指雨的权力，他给出了科学的解释，即四指雨是因为鲁中地区本来下雨就不多，而且土质只需要这么多。他说：

> 据说志公只有下四指雨的权力，而且还是偷偷地下，还不能让玉皇大帝知道。我觉得它根据的是咱这儿的气候条件。鲁中地区这个情况可能是跟山有关系。春季干旱的时候这个雨就不下，预报了有雨也不下，雨少，"春雨贵如油"嘛。但是到了阴历九月份往后就阴雨连

绵。咱莱芜地区有个特点，土质比较好，有时候啊，锄锄地就能抗旱。老百姓有古语说“锄上有水，杈上有火”，这是一个科学的说法。什么意思呢？就是万一这个地旱了，你多锄锄，它就出汗（保墒）了，这不是“锄上有水”嘛。为什么说“杈上有火”呢？这个庄稼收回来以后，放在场里，时间长了以后它就霉了，你多翻翻它不就干了，这不是“杈上有火”嘛。

春旱时，最多就是下四指雨，这个事实被解释为志公只有下四指雨的权力。那无疑是在靠天吃饭的年代，人们把气候环境、耕作习俗与宗教信仰混杂在一起，让它们互为因果，以此解释无奈的现实，也表达风调雨顺的希望，这种混合起来的知识反映了南下冶村民的世界观。

南下冶村最后一次大规模、正式地“请志公”是在1949年。以后，村里就很少“请志公”了，用村民的话说就是“1949年以后就没信的了”。第一个主要原因是政策不允许。张克淦说：“那时候破除迷信啊，政府不让信了，把神像、庙都掀了，也就没再请了。一般老百姓轻易不敢请，就找那些烈军属家大娘大爷，老百姓急了眼，旱得没法子了啊。那时和现在不一样啊，没有人工降雨。这才几年啊，政策又好了。现在政策好了，你们敢来这里搞这个社会调查。要是以前啊，你也不敢来搞调查，你上村里来也没人敢和你说的。”①笔者据此推测，1949年可能大规模破坏过一次“请志公”活动，后来有些村民通过“找烈军属家大娘大爷”试图再办，又被破坏了一次。至于是否到“文化大革命”时期才断绝，这个没有直接资料说明。

1949年以后很少有人祭拜志公的第二个原因是水利设施的进步与生计方式的转变。以前人们求雨是因为旱得“没法子了”，除了祈求上天没有其他办法，而水利设施的进步使得人们不再需要向上天求助。近年来，南下冶村先后打了三眼机井用于灌溉，而且现在村民都吃上了自来水，所以即便现在天旱，其对农业灌溉、日常生活影响都很有限。与此同时，村民的生计方式已经从农作物种植转向工商业，种地变得相对次要。即便干旱影响农业收成，对村民实际的生活水平影响甚小。在此大趋势下，农业以及农耕文化不可避免地被边缘化，包括祈雨的习俗。

① 张克淦，男，南下冶村人。访谈时间：2010年1月29日。

第三个原因是人们观念上逐渐淡薄。不仅受过教育的村民、年轻人普遍接受了反迷信思想，就是以前参与过"请志公"的那些老人，也都不愿意再搞这些活动了。例如，张景春老人一度曾有去博山五阳山祭拜志公的打算，无奈没人响应："这段时间啊，我打算约上一些老头，买上两打纸，雇个出租车，去瞧瞧去，给他烧纸。是吧？这是咱庄里的志公！可是约谁谁都不去啊！"张克淦曾感慨道："现在没人操那个心了。"闫家彬也说过："现在人们不大信了，老人没了，也不知道怎么请了。"当被追问他信不信的时候，他思考了一下，"按说，还得信。现在年轻人不信"[①]。

表面上看，志公崇拜已经是过去时代的事物，除了几位老人抒发一下怀旧的感慨外，志公已经与现实很少有关系了。不过，我们在后来与闫振芷的一次谈话中才意识到这个看法的问题所在。1949 年以后，虽然政府禁止志公崇拜，但实际上并没有完全禁绝。闫振芷说："禁止啊，政府这些年头也是，它不是很绝对，老百姓的事哪里能说你一声令下就全禁止了，那不可能。"我们感到很好奇，在反复确认之后，知道如今"请志公"的现象仍存在。闫振芷介绍说，现在就是一伙热心的村民聚在一起，大家商量"咱请请志公吧"，然后就请了。我们追问说："现在是谁做这个事？"闫振芷回答："庄里面有神坛老人啊，我给神妈妈起头的人起了个名字叫神坛老人，哈哈哈。"他举出来一位神妈妈——王家大婶子。

看来，1949 年后不是不"请志公"，而是这个活动发生了重要变化。一方面，从男性完全垄断的仪式变为女性为主的仪式。现在的仪式很少有男性参加，我们访问过的老人没有一个参加过妇女组织的这种仪式。那些神妈妈除了"请志公"，她们平时还做其他祭拜的仪式，每年的志公老爷祀日、土地老爷生日以及其他各种神明的生日，都是由神妈妈负责在村里祭奠。另一方面，从以村落为单位的大规模公开仪式转成个人化的、相对普通的祭祀。干旱的时候，神妈妈通常到街上摆上桌子，地点不固定，据说一般在村西边的大路上。确定了祭祀的地点，然后大伙拿着纸去烧。这类祭祀方式十分简单，用闫振芷的话说"比以前草率多了"。

① 闫家彬，男，南下冶村人。访谈时间：2017 年 4 月 18 日。

四、天爷爷

在南下冶村，祭祖、祭神最重要的日子是过年。每年一到腊月，过年的气氛就日渐浓厚起来。差不多腊月初十以后，人们就从街上买东西带回家。腊月初五、初十、十五这些日子人们就买些干货，例如蘑菇、竹笋之类。干货存放时间长，能放得住。要是鲜菜就是腊月十五以后再买。原来过年人们还要杀猪，现在没有人养猪了，都是到市场上去买。其他的菜比如鸡、鱼、芹菜也要买上一些。以前人们还要自己用麦子磨面，蒸上馒头，现在也不蒸了，大家全都到市场上买。当然，除了准备食物，人们也不会忘记购买供养神仙和祖先的物品，比如火纸、香烛等。

腊八，以前就是做黏米类的年糕，现在也没有人做了。南下冶村从来都不做腊八粥，这可能跟南方有所不同。但会腌制腊八蒜，现在也还有做腊八蒜的习惯。腊八蒜做好了，倒上醋闷起来，到过年吃饺子的时候，可以蘸着吃，据说腊八这天做的蒜特别辣。

腊月二十三，是传统的"小年"。这天人们要辞灶，送"一家之主"灶王爷，让他上天言好事，用村民的话说就是"灶王老爷要上玉皇大帝那儿去汇报去"。由于灶王爷是保平安的，有人不在家的话，保佑就不齐全，所以如果家庭成员没有团圆的话，比如因为读书、打工在外地没赶回来过年的，就不用辞灶。闫振芷告诉我们："我打小记得辞灶的时候很少，为什么呢？因为我父亲一直不在家，他在外面工作啊。再一个他年纪大，他就到年轻人的家里去过春节了，他都是这样的。所以，我母亲就说：'你爹不在家，咱不辞灶'。"[①]现在各家的家庭成员在外头工作的多，尤其是年轻人基本上都在外头，导致现在没多少人辞灶了。

参加辞灶活动的一般多是家中男性长者，现在女性也可以参加。辞灶的时间是在吃过晚饭以后，在灶台上贴上灶王爷的神像。神像是从街上买来的，神像有 28 口人的，还有 32 口人的，这里的灶王爷没有灶王奶奶。神像上方通常写上"福气长存"，两边还有一副对联"保一年柴米不断，佑一家

① 闫振芷，男，南下冶村人。访谈时间：2017 年 4 月 18 日。如无特别说明，本节闫振芷关于天爷爷的话皆来自此次访谈。

人口平安”，或者“上天言好事，下界保平安”，等等。还要给神像供上糖瓜，点上香。

闫振芷家的灶神

辞灶之后，家人就忙活开了：人们赶集买年货买东西；大扫除也开始了，人们把天井打扫干净，把水缸里的水备满，准备好菜和供品，包括鸡鸭鱼肉、花馍馍、年糕、点心等，每样只需要一份就可以了；然后是贴对联；对联一般都是买的，也有手写的。对联还有前一天就贴好的，不一定非要除夕当天贴。

如果有的家庭还在服丧期间，就不能贴红色的对联，他们用蓝色或白色的纸写春联，一般不写很欢快的词语；也有三年都不贴春联的，过了三年以后就恢复到以前的情况了。以前窗户上一般会贴窗花，窗花多是自己剪的，现在很少有人贴了。现在有一些人家会挂上灯笼，比较喜庆，但不是必须都要挂。

接着大家开始包水饺，初一的时候吃素馅的，初二吃肉馅的，年夜饭一般是一桌子丰盛的饭菜。除夕晚上，灶王爷又回来了，就要把灶王爷的神像前摆上菜和一些供品，让他回来享用。

吃完年夜饭全家一起“发纸马”，即请各路神仙回天上，也叫“敬天”。

老百姓口语中都这么叫。当我们询问是不是有写着“天”的牌位时，闫振芷说：“不写不写，只是烧纸，烧纸给各路神仙，老百姓嘴里念叨说‘天爷爷’了啊之类的话。”至于“发纸马”是什么意思、有什么讲究，他说：“这是中国传统的习俗，‘发纸马’在西汉的时候就有啊。原先的时候是木头的，就是做成木马的形状，上天去。到后来就是纸的，到现在就只是烧纸了。这是过年的一个重要环节啊。”根据他的看法，尽管现在并没有马的形状的供品可烧，只是将火纸、元宝烧掉，但在人们观念中，还是通过烧坐骑给神灵送行的。

房屋山墙上的“泰山石敢当”

“发纸马”要在子时（晚 11 点至凌晨 1 点）发，这是辞旧迎新的关键时刻，也是春节最隆重的时候。这时候人们在天井正中间放上供桌，然后将所有的供品摆到桌子上，桌子两边放两把椅子。大家对着桌子烧火纸、元宝、线香，要先敬天。所谓“敬天”其实并非祭天，而是指祭祀各路神仙。但受祭的神仙并无牌位，只是在烧纸的时候，口中要念念有词，比如财神、路神、井龙王等。此外，人们要把包子和水饺摆在院子里的石磨上，因为它是白虎，也需要供养。总之，各路神仙的名字都要念到，纸马得一份一份地烧，各路神仙都得祭祀一遍。用闫振芷的话说，“你脑子里记住的神都要烧”。除了念各路神仙名号，一般还念“求福，求保佑我，今年什么事，明年什么事”之类的。正如村民指出的，一家里面除夕“发纸马”是烧纸最多的，是最大的祭祀了。

敬天完毕后，人们要回到屋里祭祀祖先。在南下冶人的理解中，敬天与敬祖先不是一回事，祖先需要单独敬奉。祭祀灶神，也就是普通的上个

香、烧点纸。这些都做完，接着就放鞭炮，有的还会放礼花，春节就正式开始了。

石磨上的“白虎大吉”

春节第一天，家里的东西不能清理掉，寓意财不外流。这包括送纸马时产生的各种纸屑、香灰。天井里一般有一个大的石板，老百姓叫它“香台子”。“发纸马”以后，一直到初一下午，香炉摆在香台子上就不能动了。从“发纸马”结束时算起，家里的垃圾、脏水之类的就不能乱倒、乱泼了，要准备一个桶装好，到初一下午以后才清理掉。另外，也不能随意说话了，诸如“死”“穷”之类不吉利的话都不能说；大家互相之间也不能生气、争吵了，要忍让，和和气气地过年。发完纸马，小孩子就可以出去串门了，这天晚上各家各户都不插大门，愿意串门子的串门子，愿意守岁的守岁。守岁叫“熬五更”，通常年轻人会这么熬，年长的通常在发完纸马后就早点休息了。家里堂屋的灯一宿都不能熄灭，因为家里的祖先在屋里喝酒。

初一早上，人们把东西供养上就给祖先烧香、烧纸、磕头，后面就可以出去给族人拜年了。有些人家初一早上会放鞭炮，不放也可以。年轻人和小孩子就出去拜年了，家里的长辈一般在家里，会等着别的小辈来拜年。孩子拜年的时候，家人和长辈会给孩子压岁钱。本家族之间互相拜年的多些，包括住得远的兄弟亲戚，也会赶过去拜年，邻里、朋友等本村关系好的也会去拜年。每到一家，人们都要给人家家里供着的祖先磕头，即使不是族人，也一样要磕头。早先时候，小辈还要给长辈磕头，现在都简化了。拜年的时候，大家不用带礼物，只是互相串门子，互相问好。去人家喝杯茶，吃点瓜子，抽根烟，闲聊几句，热闹热闹，交流感情，别人家也会留吃饭。这样的活动因人而异，有的初一就能拜完，有的住得距离远的可能要迟一些。

石碾上的"青龙大吉"

祖先从年三十供到初二下午，再送回去。春节供家堂和七月十五供家堂，仪式上差不多，只是春节会多供养一些时候。七月十五的时候，人们当天就会把祖先送走，而春节的话，一般是初二下午送。本地有些人家会初一送家堂，这主要是吴姓人家这么做，据说这是因为吴姓内部闹矛盾引起的。本村没有姓吴的，颜庄镇澜头村或其他地方那些姓吴的会初一下午送。张克淦跟我们说："初二下午，那一天就送家堂。姓吴家的，那是颜庄，原来的姓是文武的武，兄弟俩一个过得穷一个过得富，两个人吵架，一家就改成口天吴了，说'我就和你不是一家了，我早送'。另一家过得不好，就晚一天送。所以有'好汉武，赖汉吴'的说法。"①

在南下冶村，出了嫁的女儿和离了婚的女儿，都不能见祖先，但把祖先牌位送走了就没有顾忌了。人们送走祖先以后，出嫁的闺女才能和女婿一

① 张克淦，男，南下冶村人。访谈时间：2010年3月14日。如无特别说明，本节张克淦的话皆来自此次访谈。

起回娘家走亲戚。过年以后，初三、初四回来，基本上初三的比较多，女婿会来看看，其他时间，女婿一般都不会和闺女一起回来。以前的时候，女儿女婿要带很多东西，挑着食盒回来，包括挂面，根据家庭条件带 100～160 份不等。现在人们则要割上 20 多斤猪腿肉，带上两条鱼（咸鱼好带，不带鲤鱼），越大越好，还有饼干、糕点、年糕、花馍馍之类，至少要有一箱酒。礼物是越多越好。新女婿在这里不论过去还是现在，都受到很好的招待，丈人家要好酒好菜准备好，还要邀请村里一些有头有脸、很板正的人物（以前是庄长之类的，现在也有请书记、村长之类的人）来陪他吃饭喝酒，新女婿要坐上座。以前，闺女女婿会在娘家待七天，至少到初九才能回去，现在有的吃完饭当天就回去了。

送完祖先，接下来人们就可以出门看亲戚了。如果有新亲戚，先走新亲戚，即结婚以后的男女方的新亲。然后会去一些常年不在家，就回来过个年，但很快就会出远门的亲戚那里。看亲戚就需要带礼物了，人们还是根据各家的经济情况来定礼物的轻重多少。基本上正月初十以前，人们就把所有亲戚都走完了。

初七就是“人七日”，按照老百姓以前的说法，过了年正月初七这一天要是天气很晴朗的话，这一年人不生病、不长灾，这一年出生的孩子都能成活。张克淦解释说：“那是以前医学不发达，现在医学发达了，也没有说的了。”另外，正月初七这一天不出门、不烧纸。张克淦说，特别是胶东那里尤其忌讳这个，“我以前在龙口工作的时候就喜欢初七坐车，这一天不挤”，那边讲究“七不出门，八不还家”。此外，正月十三这一天还有一个杨公忌，现在人大多不信了，仔细的人家还会讲究。

传统的元宵节，各家的大门口点上灯，以前都是自己家扎灯笼，点上蜡烛，有的还会制灯谜。2010 年我们去南下冶村的时候，村里还有两个老人会扎灯，当时他们都七八十岁了。这种自己制作的灯，每个房间都要点上。村干部吕安亭说：“就咱们来讲，一是摆上蜡烛，用小蜡烛点灯笼。几盏灯都有说头，大部分是六盏灯，还有种说法是几口人，几盏灯，还有就是双数，四盏、六盏都可以，都在家点。吃完晚饭后，下点水饺、元宵。”①

① 吕安亭，男，南下冶村人。访谈时间：2017 年 4 月 18 日。

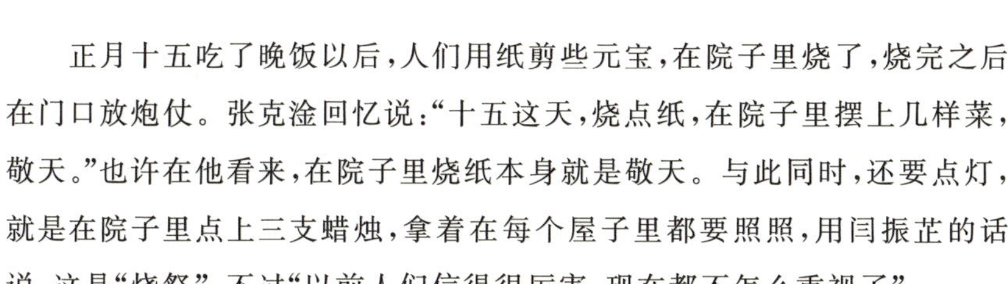

正月十五吃了晚饭以后，人们用纸剪些元宝，在院子里烧了，烧完之后在门口放炮仗。张克淦回忆说："十五这天，烧点纸，在院子里摆上几样菜，敬天。"也许在他看来，在院子里烧纸本身就是敬天。与此同时，还要点灯，就是在院子里点上三支蜡烛，拿着在每个屋子里都要照照，用闫振芷的话说，这是"烧祭"，不过"以前人们信得很厉害，现在都不怎么重视了"。

过了正月十五就算过完年了，届时人们要把家里一些用不上的东西都扔了。正月十五除了自己家里点灯，外面还有一些相关的表演活动。以前南下冶村有花鼓锣子的表演，现在只有颜庄有了。很多村民去颜庄镇上看龙灯、花鼓锣子表演。花鼓锣子队伍也会下乡表演，例如 2009 年正月十一他们来村里演出时，村里出钱买条烟，准备点茶水之类。他们走到谁家门口谁就放个炮仗，村民给些糖果、香烟之类的礼品，犒劳一下那些玩龙灯的人。这个活动近年也受到了影响。村干部吕安亭说："最近吧，不准铺张浪费，他们就在本庄转转。咱们村自己不弄，咱村近，晚上去颜村看。"如果不去看表演，人们可以在家里看电视。以前还流行出去看月亮，现在也很少了。①

六月初六是另外一个敬天的日子。张克淦说："六月初六是敬天啊，收了麦子以后就烧纸。再就是十月了。别管是不是六月初六，只要是在六月里。一年两次啊，六月和十月，没有固定的日子，一般是在上半个月。"敬天同样是泛泛而祭，不是专门针对某个神明。此外，每个家庭情况不一样，祭祀的对象也不完全相同。张克淦说："六月初六敬天！放羊的敬山神爷爷！就是敬天的时候给他钱啊。狼不是山神爷爷的看家狗嘛，叫山神爷爷管好他自己家的狗，不要吃羊啊！"

2017 年，我们在小学门口访问到一位骑摩托车的中年男人，他跟我们说有些地方还有六月初六"敬车"的风俗，祭祀的是车神。在村民看来，"敬车"其实就是一种"敬天"，用他们的话说，就是"六月初六，你不得烧点纸？"也就是说，敬车作为敬天的一种，有不言自明的必要性。根据我们查阅到的资料，敬车一般请风水先生挑个日子，以二月、十月较多，六月初六作为敬车的日子也顺理成章。而如果家里没有电动车，用自行车也行；如果家

① 吕安亭，男，南下冶村人。访谈时间：2017 年 4 月 18 日。

水龙头旁的“井龙大吉”

里连自行车也没有，也得敬车神，因为车神保佑的不仅是驾车的人，还包括家里干活的、上学的等常出门的人。

祭祀的地点一般在公路上，在家里也行。在路边或天井中，设立一张方桌，桌上不设牌位，要摆上茶叶和酒，烧上香。然后把拴了红布条的电动车放到方桌后面，即方桌在车的前面，然后对着桌子烧纸。就我们在南下冶村访谈到的情况，敬车神的仪式是自己完成，一般是不需要仪式专家的。但莱芜有的地方，还得请风水先生或者内行人帮助念叨一些念词，祈求车神或路神老爷庇佑家里的出门人。

十月是另外一个敬天的月份，村民称之为“打路斋”。吕同教的妻子说：“十月份就是路斋啊。十月初一要上坟，路斋是路斋，上坟是上坟。十月里敬天爷爷，一年一回，各路神仙也都给点钱！”张克淦介绍说，每年阴历的十月份有个路斋，与六月祭天相比，十月路斋其实更流行。一般是在十月上半月，村民都会去烧纸，供养的是天。具体做法就是在街头、路口，炒点菜，烧点纸，念念有词。实际上就是保佑这一年庄稼丰收、家人平安。

在南下冶村，“敬天”的对象是各路神仙。南下冶村的神明很多，几乎可以说是万物有灵。我们曾发现南下冶村的桥头、石碑、电线杆上到处都贴满红纸，我们就此请教过一家饭馆的老板娘。她介绍说，这是娶亲队伍留下的，是要一路安抚众神，并感慨地说：“现在什么神也有，路仙、桥仙，啥仙也有。”绝大部分的神明并没有什么存在感，他们都没有固定的庙宇和祭祀时间，所以单从表面观察，很难注意到他们的存在，就是南下冶的村民平时也无视这些似有若无的神灵，他们的神性色彩已经非常淡化了。不过，在一些特别的场合，例如娶亲、过年、六月初六，村民则会把能想到的神都祭祀一遍，否则一年都觉得不安心，这大概就是习俗的力量吧。

第五章 抬 杠

一、抬杠街

南下冶村的公共场所往往聚集了一群村民，他们休息、聊天，与来往行人打招呼。尽管任何公共场所都可以成为聊天地点，但有几个地点更易聚集人群。据我们的观察，至少有这么几个公共场所：一个是闫家街路口，这是原南桥的北头，那里原来有一棵三人合抱粗的古槐，以及一块巨石砌成的槐树台，台上刻有棋盘，以前人们绕树而坐，纳凉对弈。虽然现在已经没有了槐树和槐树台，但这里仍然是村民群聚聊天的重要地点。第二个是小学门口，这里是个岔路口，分别通往金牛岭、鲁碧水泥厂；小学对面还有一个小广场，这里也常有一些老人群聚聊天。第三个是金牛岭石牛所在的小广场，这里也是几条道路、胡同交汇的地方，它面对地毯厂和入村大路，人们来来往往。第四个是吕家街或吕家胡同，这条街有着很大的名气，因为它与本村的一个民俗事象——“抬杠”密切相关，所以又有一个响亮的名号叫“抬杠街”。

金牛岭小广场上打牌聊天的人们

南下冶村的“抬杠街”实际上就是村东北一条南北走向的长 200 米左右的胡同，也就是村民所说的“吕家胡同”。胡同口是吕氏祠堂，祠堂前面是一片空地，祠堂大门外曾经有一棵古槐树，古槐树烂了三分之二，后来就让吕氏族人劈了当柴火了。这条胡同、祠堂门口的空地、大槐树底就成了胡同里居民聊天的场地。曾经有一位外村的干部毛发贵对南下冶抬杠风气很不解，问过一位姓吕的：“您那里的人怎么就这么会抬杠，您那脑子好使是咋的?”这位村民回答：“好使啥！是这么回事，俺那个吕家胡同，这个地方吧，一个闲场，一个玩场，五冬六夏的有人在这儿玩。冷的时候，有墙根可以猫着晒太阳；热的时候呢，有一棵大槐树可以在树下乘凉。人多了，就是你一言我一语，你来反驳我，我来反驳你，凑起来吧就换着反驳，这么样就习惯性地成为一种乐趣了。这样时间长了呢，外人送号‘抬杠街’。”①

① 毛发贵，男，孙家庄人。访谈时间：访谈时间：2009 年 9 月 4 日。

2010 年的抬杠街

街上的居民除了少数几家许姓，主要就是吕姓人口。这里的人们生性幽默，思维活跃，在平时聊天说话中总爱和人较劲，想法别出心裁。他们故意曲解别人的意思，或者顾左右而言他，用谐音、诡辩等方法把日常语言发展成一门艺术。聊天的人们无所谓话题，无所谓对象，就这样你一言，我一语，互相辩驳、斗智，不追求分出高下对错，只要语言精彩，能给众人带来欢笑即可。村民在解释吕家为什么擅长抬杠时，往往称“他们那边的人脑子很灵”。因为抬杠这件事多少有点责难别人的意思，而来往这里的外地人又往往是被捉弄的对象，于是，抬杠街也就名声在外了。久而久之，抬杠街就成了南下冶村的代名词，周边村落的人若是在大范围的活动中遇到一两个说话比较挑理、带刺的人，往往就会说：“你是抬杠街的吧！”

我们再回到抬杠街，看看抬杠的展开过程即村民日常的闲聊状态。农闲季节的每一天，村民们吃过早饭，家中那些“没事的人”就开始出来活动了。他们出了院门，来到胡同边上，看着远处也有人走来，两人就很默契地一起走到了街心，开始有一搭没一搭地说起闲话。这时会陆续有村民来到胡同里，参与他们的谈话，这种聊天方式通常有相对稳定的谈话者。此外有些谈话者只是路过人群时，搭上一两句话；有些谈话者则是外来者。没有任何一个人在走出庭院的时候是抱着"我要出去抬杠"的心理加入到抬杠队伍中的，即兴的口才、滑稽的对白都是在闲聊和拉家常中自然而然产生的，是可遇不可求的。

他们的谈话主要有三种形式：第一，某人开口谈起一件事，讲述人自己陈述，结束之后人们附和两句，或者直接转入另一人的讲述，期间不构成对话与交谈，这种抬杠较为平和，抬杠现象出现也就是话题的终结，最后总是以笑声结束。第二，某人谈起话题之后，引起众人响应，大家从不同角度对这件事谈开了自己的认识和理解，这一种抬杠往往会导致连锁反应，在激烈的交流中，不时闪现智慧的火花。第三，更多的抬杠故事发生在并非封闭的一群交谈者之间，而是发生在应对外来者的挑衅与不友善中。不经意的路过者可以是抬杠的素材，也可以是抬杠的主角；外来者如果真刀真枪地参与到抬杠中来，无一例外地在与南下冶村民的对阵中落荒而逃。

吕家胡同路口闲聊的人们

由闲聊产生出的语言风格，究竟最早出现于何时呢？没有任何一种地方志记载过这种习俗。尽管有村民认为“抬杠”的历史大概有100多年，不过村民很少有人能拿出证据来。虽然缺乏确定无疑的证据，不过我们还是可以通过分析考察它所出现的社会历史环境、起源故事及经典抬杠段子的方式，从多个角度来研究这一现象的产生。

“抬杠街”名称的确定可以看成是“抬杠”作为一种村落习俗产生的标志，大部分村民都认可吕姓特别擅长抬杠，其原因无外乎这几种说法。

第一种说法是“富极无聊”。持这种说法的人称，那时是吕家极富的时代，吕家富裕的表现是他们在该村曾有颇具规模的祠堂和黑漆大门的高档民居。吕氏把土地租给别人种，自己不用下地干活，也不去经营别的生计，有很多空闲时间。吃完饭就在街头巷口拉家常闲聊，言语之间有着相互争辩逗乐的意思，久而久之，就形成当地的一种语言风格，慢慢地影响了整个村庄，并且在“章丘箍漏子”（锔锅盆的）等外地人的宣传下，就有了“抬杠街”这一说法。

吕家胡同路口站着闲聊的人们

第二种说法是“穷极无聊”。赞成这种说法的多是吕姓族人。大多数的吕家人并不否认这一习俗是从他们的祖上传下来的,但是他们并不是不去管理自己的土地在那闲聊。而是他们太穷,没有土地来耕种,只能在街上拉家常闲聊打发时日。而且因为他们头脑聪明,口才过人,于是辩智逗趣之风慢慢兴起,并吸引了村民的广泛参与。吕姓族人解释说,他们建祠堂并不是有多余的钱,而是变卖了林地的大片树木才凑到钱盖起来的。毕竟,根据现存的1914年《吕氏建修家祠碑记》记载,该庙确实也是卖树得钱修建而成。曾经有位吕姓老人告诉我们“抬杠的光棍子多”,“他们几个穷汉子,没事儿干”。因此,“穷极无聊”导致群体热衷闲聊从而产生抬杠习俗的说法似乎更加可信。

第三种说法是“破落子弟”。持这种看法的人认为吕姓本来经济条件可以,其土地都是岭上比较好的地。他们有地,但是不想种地,干农活干不来,所以没有事,而且这样无所事事的闲人挺多。他们本来家庭富裕,上了几年的私塾,有点文化,才思敏捷,所以就自然而然地兴起了抬杠之风。

不论是“富极无聊”“穷极无聊”的说法,还是“破落子弟”的说法,抬杠是在吕姓族人中盛行并慢慢演变成全村男女老少共同参与的风俗,这是毫无疑问的。例如,村民刘成总说:“抬杠一开始并不是全村的行为,只是姓吕的。后来他们参与生产,接触的人多了,抬杠也就传播开来了。”[①]村民张克永也曾说:“吕家人爱说些顺口溜之类的话,个人好说话,就跟着编唱之类的,我也有知道的,也有不知道的。就和早先玩杂耍的人似的,搭起场子就说两句,到哪里就编说哪里的话。”“抬杠街在北边,姓吕的人住在那里的多些,也有一些他姓的。吕家人说话就这么个风格,说惯了,他们也不是有什么大文化。有的时候也会编排自己村子里的人,人家也不记仇,都是开玩笑啊!”吕家有上学的也有没上学的,这不是文化的事,他们吕家就是这样的个性。现在还是有人会抬杠,有时候在街上人家好抬杠,别人会说:“你是南下冶的啊!”[②]对本村人而言,也许吕姓尤其擅长抬杠,可是对外村人而言,是南下冶人都擅长抬杠了。

这几种说法都有一个共同特点,不管吕家有钱没钱,他们最主要的特征

① 刘成总,男,南下冶村人。访谈时间:2009年9月2日。

② 张克永,男,南下冶村人。访谈时间:2010年1月29日。

是“有闲”。“闲人”“没事干”“抬闲杠”是他们描述抬杠时最常用的词。无论是不是吕姓人，大家都认为抬杠之所以兴起是因为闲暇时太无聊了，缺乏其他的娱乐方式。例如，吕守庭老人曾说：“我家原来就住在抬杠街上，那时候没事干。冬天啊，大家晒太阳，你一句我一句的，这样就抬起杠来。那个地方没事干，就俺吕家的人多。”“现在还打打扑克，那时候连扑克也没有，人也不会打。冬天没什么事，大家就聚在一块儿。”①

农闲时大家围聚在街头下棋

村民把抬杠当成娱乐的方式，但“抬杠街”这个名称却是外村人给起的，尤其是走街串巷的小商小贩。那些锔锅锔碗的、麻绳头子换洋火的小贩，往往停驻在街头路口，这里正是闲人聚集之地，于是小商贩们很快被这些人包围，这种场景至今都能见到。很多经典的抬杠故事便发生在本村人与外地人之间，其中流传最广的，应该是“箍漏子”的故事。我们在南下冶村采集到了这个故事的若干版本：

> 版本一：有一个传说，淄博有一个箍漏的人来到南下冶村。中间有

① 吕守庭，男，南下冶村人。访谈时间：2009 年 9 月 2 日。

人就问他："你能做什么东西？""我这个什么都能打。""你给我打个绣花针吧！""绣花针太小，我打不了！""那你给我打个犁盘吧！"就是耕地的那个犁啊！"这个太大了，我也做不了！"把那个箍漏的气跑了。（讲述人：吕守庭）

版本二：很久以前就有这抬杠街了，我小的时候就有了。做买卖的人一来，大家就围攻他。有一天，又来了一个箍漏的淄博人。他说："我看看是什么抬杠街。"一个罐子，陶瓷的，本来是锔三个钉子就能行的，他给人家锔了十几个。这个是按照钉子给钱的，他故意给人家锔了好多。俺庄的这个人出来一看：哎哟，这个罐子锔了这么多，都够买一个罐子的了。他就很生气，一下把这个罐子摔碎了，说："你给我把它锔好！"他根本就锔不起来了！然后那个人就走了。（讲述人：吕守庭）

版本三：最早的时候，咱这里据说有锔锅的，老百姓叫"箍漏子"，他是个外地人。颜庄这边是乡镇驻地，是个重镇。他听说了俺这个村，想一块下乡来看看。箍漏子的人串四乡，说话也很有一套，也能来一点。一进村以后，箍漏子的人就敲打着小砧子。结果就出来了一个娘们，问他："你干吗的？"他说："我是锔锅的，听说你们这个庄蛮会抬杠，所以我就来看看。"她就问："你这个砧子都能打啥？"箍漏子的人就说："大的小的都能打。""那你给我打个犁盘吧。"他那个砧子这么小，这个怎么能打呢？这个是需要铸造的，一般的铁匠都打不了，别说一个箍漏子的了。箍漏子的就说他打不了，建议那个娘们还是打个小的吧。那个娘们就说："小的也行，那就给我打个花针子吧。""这个忒小了，也打不了。"娘们就说："大的不能打，小的也不能打，你不是说大小都能打来。"气得箍漏子的担起挑子来就走了。（讲述人：刘成总）

版本四：章丘有个箍漏子的，抬杠的水平是特别的高，于是便找到这个庄里。"我听着说这个庄里有个抬杠街，我想到这个抬杠街上抬两句杠。"还没到这个地，有个小孩说："还不到呢，这里不是抬杠街。"那个箍漏子的人，有这么个小铁砧子，可以打把子、打钉子，有一个点点的顶。小孩就问："你这个东西是干什么的啊？"箍漏子的说："我打点什么的。""那你打点什么？你给我打个犁盘吧？"犁盘是啥，就是过去犁地套上牛，用一个铁，这么弯弯的，这头是个把子，在木头上；那头是个鼻子，

挂上绳索，牛拉。犁盔好几十斤，很大。箍漏子的人说："哎哟，打这个东西太大了，打点小的什么吧。"这个孩子说："行啊，那你给我打个绣花针吧。"绣花针他又打不了了，太小了。这个箍漏子一听："哎哟，我的娘哎，还没有见抬杠街，我就已经败了阵了，那么到了抬杠街我不更不行吗？"他担起挑子来就打道回府了。（讲述人：毛发贵）

版本五：有一天，有一个打铁的，戴着个口罩，来到咱们抬杠街。他想："我非要把这个抬杠街上的人给反驳住！"咱庄里有一个老奶奶在推碾子，他就问："我来看看这个抬杠街，男劳力都上哪去了？""耕地去了，去梁上耕地了。"他说："梁上耕地不把屎拉到锅里去了？"她说："戴着口罩呢！"（讲述人：吕同洋）

在我们请求村民介绍一下抬杠街的历史的时候，往往就会听到类似的故事。这些耳熟能详的故事作为村民共享的知识，被记住，被传承，是村民心中的经典，同时流传到外面去的也多是这一类的故事。这类故事在南下冶村民的口中总是轻松、诙谐、不伤大雅的。故事中暗含的意义是外地人的自大和不友善导致他们自取其辱，他们只是用智慧反击而非故意找茬。尽管村民们喜欢讲述这样的事例，但是本村村民之间已经很少会谈论这些故事，他们更乐于对外来者讲述。即使现在的人们不再那样赤裸裸地讽刺、挖苦、围攻外来者，但是依然会给外来者讲述这样的故事。

从内容上来看，这些流传下来的经典抬杠故事主要是针对外地人，这些外地人可以是大队干部，可以是小商小贩。在前述箍漏子的人或铁匠的系列故事中，讲述者在介绍故事背景的时候，会按照自己的理解，将其合理化，因此它实际上反映了讲述者对外部世界的认知。就故事发生的时间而言，讲述者往往用模糊的"有一个传说""很久以前""最早的时候""有一天"等来指称，实际上，这些故事可能是在 20 世纪上半叶就存在的。例如，吕守庭在讲了自己的两个故事之后说："这两个故事都是我亲眼见过的，这个思辨能力很强。合作化以后，1958 年或者 1959 年以后就没有了。那时候，人们把公社干部都气跑了。抬杠的人还在。"① 他很敏锐地意识到，农业、工商业公私合营及合作化以后，私营经济逐渐退出历史舞台，所以故事中的小商小贩

① 吕守庭，男，南下冶村人。访谈时间：2009 年 9 月 2 日。

的出现基本上是合作化以前的事，这差不多可以追溯到中华人民共和国成立前。再加上多位七八十岁的老人自称小时候就存在抬杠街的事实，根据他们的年龄推测，最迟20世纪上半叶“抬杠街”的名头就出来了。

外来的箍漏子的人

在这几个故事中，都是外人试图挑战本村的抬杠地位而来。这些外村人有些没提从哪里来的，有些则会明确提到淄博、章丘等地方，这是小商小贩的活动范围，也是绝大多数村民活动的地理极限。在村民的认知中，这些地方是与南下冶方言相通、文化相近的“他者”，自己与这些熟悉的“他者”的关系是幽默的竞争关系，一较高下而又无伤大雅。例如，有村民跟我们讲，他们抬杠街的名声在方圆三五十里都是知道的。又如刘成总就曾说：“周围其他村也有抬杠的，附近几个村可以说都有。抬杠就是挑理，在生活中随时随地都有。不过我们这个村比较传统，就是说比别的村专业。”[①]所以南下冶村的抬杠传统首先是在这个文化范围内确立了地位。

① 刘成总，男，南下冶村人。访谈时间：2009年9月2日。

被围观的箍漏子的人

这种本村和外村的对比强化了村落的认同感。小商贩来村里叫卖，往往成为村民群聚围观的对象，七嘴八舌的对话本来就是产生抬杠的恰当氛围。吕守庭说："只要来一个外地的人，我们就把他围起来，你一句我一句的，问这问那，他没有说话的份啊。"在故事中，这些自不量力的外地人不值得大家围攻，代表南下冶村出场的是单个的"妇女""小孩""老奶奶"等弱势人群；外地人更不值得在抬杠街围攻。他们在还没到抬杠街的地方就被打败，落荒而逃，这更增加了故事的戏剧性，从而强化了本村抬杠习俗无可争辩的地位。尽管村民自己对抬杠的看法褒贬不一，但在讲述这类故事的时候都带有自豪感，其实体现了村民对村庄文化的认同感。

抬杠虽然没有固定的场地限制，但是一般情况下发生在在村民来往频繁、聚集甚多的路口和广场。吕家胡同能够成为"抬杠街"，主要因为它是村落的交通要道，每天来往很多村民和买卖人；同时，它还是村民聚集的重要场地。当然，抬杠地点不限于抬杠街，尤其近几十年来，村落居住格局变化大，类似的路口和公共场所有许多，随时随地都可以抬杠。应该说明的是，抬杠并不仅仅发生在公共场合。尽管室内的较量并不如街上来得欢快和酣畅，但一些家庭的聚会和朋友的饭局、牌桌依然是抬杠发生的重要场合。此外，周边的集市和庙会，也随着南下冶村民赶集、赶会活动的进行而扩展为抬杠活动的地点。可以说，有人聚集的地方就有抬杠。

抬杠街是南下冶村抬杠的起源地，更是一个时代和文化的象征。2009年我们去访谈的时候，村民就说现在抬杠街没有人抬杠了，都搬到南边去了，现在住在抬杠街的人很少了。当时我们曾问到一个23岁的年轻人，他说不知道抬杠街，并说像他这样大的人都不知道抬杠街。可见抬杠街作为一个时代的象征，离人们尤其是年轻人的生活越来越远。2017年笔者再去的时候，这条街上的大部分村民已经搬到楼上住了，旧屋大多被拆除，只剩残垣断壁，杂草横生，颇为荒凉，抬杠街事实上已经不存在了。

2017年拆迁后的吕家胡同

二、那个时代

每当笔者进入田野调查问到村民“这里有哪些抬杠的故事”的时候，村民们总是在哈哈大笑之后，告诉你一些他们记忆中的精彩故事。尽管村民普遍认为“随时随地，什么内容都可以抬杠”，但实际上，抬杠要幽默、有效，其谈话的内容必定是谈话者熟稔的事物、现象或知识，只有这样，才能达到众人会心一笑的效果。问题是，村民的构成是多元的，姓氏、辈分、年龄、性别构成的各种区隔，使得不同群体必定有着不同的知识结构，因此他们熟悉的内容必定存在差异。所以不同群体讲述、转述的经典抬杠故事，或者新创造的抬杠的事例，必定有着明显的时代与群体的烙印。

年龄相仿者在一起打牌

最基本的是时代与年龄差异造成的区分。2009 年的时候，刘成总曾告诉我们：“现在，抬杠的以老年人为主，越岁数大，参与的程度就越高。从 40 岁往下的人就很少了，但是也都会，都受过熏陶。原来岁数小的人，他没有

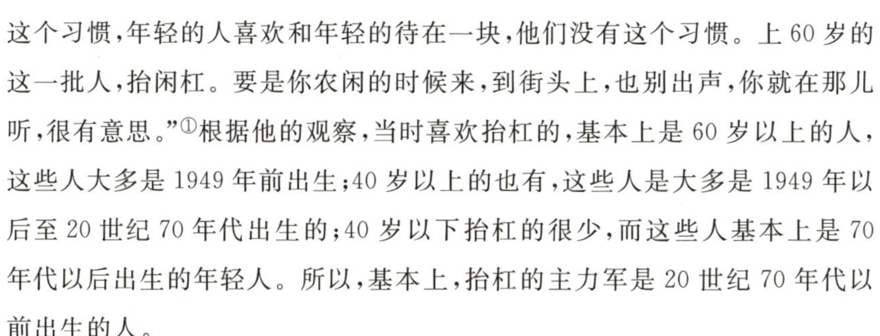

这个习惯，年轻的人喜欢和年轻的待在一块，他们没有这个习惯。上 60 岁的这一批人，抬闲杠。要是你农闲的时候来，到街头上，也别出声，你就在那儿听，很有意思。”[①]根据他的观察，当时喜欢抬杠的，基本上是 60 岁以上的人，这些人大多是 1949 年前出生；40 岁以上的也有，这些人是大多是 1949 年以后至 20 世纪 70 年代出生的；40 岁以下抬杠的很少，而这些人基本上是 70 年代以后出生的年轻人。所以，基本上，抬杠的主力军是 20 世纪 70 年代以前出生的人。

集体化时期是抬杠习俗的兴盛时期，大致从 1949 年后到 20 世纪 80 年代初，当时无论是居住模式还是劳作模式都发生了变化，从而为抬杠习俗的扩散提供了条件。刘成总曾经这样概括集体化时期的重要性：

> 生产队种地吧，都从那儿（吕家胡同）走。再说成立人民公社以后，有了集体项目，一个生产队抽几个人，干什么事，修个水渠或建个什么东西，有了机会了，能碰到一块了。也就是说，抬杠习惯的话，不是很长，也就百十年的工夫。全村人都抬杠，也就是 1949 年以后。他原来没有这个工夫。他咋没有这个工夫呢？个人种个人的地，他没有这个机会。2/3 的人没有地，你还得谋生，还得吃饭，哪有这些工夫，再说他没有聚在一起的机会。1949 年以后，人们见面的机会多了，空闲的时间多了，相互交流的场合也多了。现在抬杠不一定就是在吕家胡同了，而是更分散了。划宅基地的时候都是一批批的，不管你姓什么，张王李赵，只要你需要，批下来就给你划，所以在一块居住的什么姓的都有。[②]

也就是说，生产队集体种地、干活、休闲，使得大家有更多聚在一起的机会。另外宅基地规划打破了姓氏分割的居住格局，也为各姓的交流提供了条件，从而为抬杠之风从吕氏扩及全村提供了条件。实际上，流传下来的最有代表性的抬杠故事多产生于集体化时期，尤其是人民公社这段时间，这是在中华人民共和国成立前后出生者活跃的时代，也是他们记忆最深刻的时期。

① 刘成总，男，南下冶村人。访谈时间：2009 年 9 月 2 日。
② 刘成总，男，南下冶村人。访谈时间：2009 年 9 月 2 日。

蹲在地上下棋的中年人

下面几则人民公社时期的故事，其中抬杠的对话就那么一两句，可是讲者为了向我们这些不懂的外来的年轻人解释什么是抬杠，不得不铺陈大量的背景说明。它不仅反映了抬杠产生的年代的情况，而且也反映了讲者的知识和经验背景，据此我们能够一窥当时的社会风貌：

第一则：一九七几年的时候，俺这里发生了草荒。发生了草荒，你说人为的就是人为的，你说不是人为的就不是人为的。你说这块地吧，你锄一遍，第二天正好下雨了，草就又活了。连下上三天雨，又正好是在夏天，就成草荒了。公社里一看发生了草荒，就慌了神，来了个工作组，让老婆孩子全部上阵去薅草，薅也薅不及，以后就慢慢地按劳力、人口分开。有一家子吧，男的在煤矿上干活，家里有四口人，孩子还很小。男的下了夜班，回来再吃点饭就七八点了，扛着锄头就上坡去，路上正好碰到了公社里的贫协（“贫下中农协会”的简称）主任。这个人没点知识，就光知道熊人。主任看到他就问：“你怎么这么个时候才上坡呢？”“你别看到我这个时候才上坡，我早干了一宿了。”“你不赶快锄草，你看你地里的草这么厚,就你自己一个人(他家有四口人,就在村附近分了一块地,有四五亩那么大),老婆孩子怎么都没有来?你什么时间能干完!”他就说:“你别急,立了冬自死。”(讲述人:刘成总)

第二则:有一个人,大约在1980年以前,国家有政策,不允许个人在自留地里盖房子。他呢,在最北边比较偏僻的地方盖房子,准备出地槽、填石头。他出地槽的时候,正好管区的一个人,就是一个乡镇领导从这里走。也可能是有人举报他了,领导就看见他了。看到地槽里的石头,管区来的人就问他:“你干什么?”他就说:“我在种石头。”来人问:“种石头干啥?”他说:“让它出屋。”这个人就姓吕。(讲述人:刘成总)

第三则:颜庄公社的时候,有一个人不是主要领导,但也是领导岗位上的。他听说南下冶“抬杠街”很会抬杠,觉得自己的水平就很高,心想:“我得去招惹一下他们。”那时候他骑自行车出发,走到村里,把工作谈好了,从南下冶村向外走。遇见一个老头,在那菜园里整理菜畦子。这个从公社来的人吧,就说:“大爷,你在这里拾掇菜园吗?”“嗯,我在拾掇菜园。”“我问你个事啊?”“啥事,问吧。”“您南下冶这个辣椒、朝天椒子怎么这么辣呢?什么原因?为什么?”这个老头说:“嗯,这个事啊,是地茬。”这个从公社里来的人说:“那么您那洋柿子怎么不辣呢?”这时候吧,那老头被反驳住了,无言以对了。这时候从公社来的这个人就有点紧张了,心想:“不行,南下冶村的人招惹不了,赶快跑。”他骑上自行车蹬上就跑了。这时老头想起来了,有了词了,说:“哎,哎,别走啊,回来啊,我可有话说了。”那个公社干部没敢回来。他说的啥呢,想说啥,咱就不知道了。公社的人没敢听,再听,就把公社的人给反驳住了。(讲述人:毛发贵)

前两则故事的时间明确说是20世纪70年代,最后一则没有明确时间,但根据老人独立收拾菜园的描述,说明个体家庭尚有独立的经济活动,这应该是发生在土地包产到户前后,即20世纪70年代末。无论具体年代如何,这些故事发生的背景都明确提到“颜庄公社”,即人民公社时期。

由这些例子可以看出人民公社时期的独有特征,即集体化和个体家庭劳动并存的情况。一方面,所有的村民都是社员,他们要参加颜庄公社组织

的集体劳动。集体劳动带来的人口聚集，给抬杠的发展提供了重要的契机，同时也为抬杠的传播带来了极大的便利。这几则故事中，公社干部经常下乡督促工作，这反映了集体化时期公社为基本的生产单元和社会单位。另一方面，20世纪70年代后期，村民的经济独立性、自主性增强了，劳动开始成为以家庭为单位，责任到人到户，例如薅草即按人口、家庭分开进行；有些农民从事工矿业，同时也从事农业；有的村民违反规定，在自留地上盖住房；有的村民在自家的地里种菜。村民人身更加自由以及村民生计自主性的增强也在抬杠的故事文本中反映了出来。

在自家门口菜地里劳动的夫妇

上述三则故事反映了人民公社时期干群关系的某些侧面。从故事中可以看出，公社干部经常下乡督促工作，对村民生活有密切监督，而村民则有时以抬杠的方式表达对政策的不满。例如，前两则都是干部督促村民时发生的冲突。第一则故事中还有后续，据说村民的反驳惹恼了贫协主任。刘成总说："把那个贫协主任气得当时就红了眼圈。就熊他：'你是干啥的，你是什么成分？'当时俺村里书记带着这个村民游街，后来就成了笑话。"针对第二则故事中的管区干部指责村民盖房，刘成总评价道："很可能吧，那个干

部呢，他过来得很早，单独他自己呢，他也就不好意思指手画脚，应该是人很多。"[①]有仗着人多欺负村民的嫌疑。第三则故事是公社干部到南下冶村挑战抬杠反被戏弄的故事。在这几篇故事中，干部的形象分别是"没什么文化，光知道熊人"；仗着人多，批评村民，指手画脚；没事找事，才拙心虚。这一时期，抬杠其实更像是一种弱者的反抗形式。

上述三则故事生动展现了集体化时期特殊的乡村面貌、干群关系。像很多民间故事一样，南下冶村民以其智慧对某些干部的不友好质询给予了反击。再比如下面这则故事：

> 第四则：就俺庄有个人，这个人挖了个东西，挖完东西以后吧，就有一个区里还是镇里的人，反正就是管这一套的，就来了，说："这是公家的东西，国家的。"他是来吃饭的，说你招待不招待啊。这个上级领导来了之后，下来都蹭不上一顿饭。他那时候还觉得蛮那什么的呢，连顿饭都没蹭出来。他们吃饭的时候说闲话啊，说："什么一顿饭啊，就出土文物，你地下挖出来的就是出土文物啊。""啊？那地下挖起来就是出土文物啊？那俺挖出个废地瓜，也是出土文物啊。"（讲述人：闫振芷）

这则故事中，"镇里的"干部看到村民挖个东西出来就要占为己有，并且试图蹭吃喝，无所顾忌，村民则抓住话语漏洞进行反驳。从这种干群关系特点来看，这个场景很可能发生在20世纪八九十年代，或者时间更为靠后。为什么村民不怵外来的干部呢？刘成总对此解释说："俺这个村里，抬杠很出名，打仗也很出名。俺这个村在颜庄来说，是占三四位的大村。那时候颜庄公社甚至整个钢城区的范围内，俺这个村得属于前六名。大，人多，干个集体公益事业，人去得多。人多势众，就大胆。"[②]集体化时期，村民有恃无恐，不惧怕外面的人，所以能够自由发挥抬杠才能。

① 刘成总，男，南下冶村人。访谈时间：2009年9月2日。

② 刘成总，男，南下冶村人。访谈时间：2009年9月2日。

种花生的妇女与调查者聊天

老人们讲述抬杠故事的时候，往往根据自身的生活经验，设置了合理化的抬杠场景。大多数的抬杠故事缺乏明确的年代定位，但是从其内容看，却又有鲜明的时代特色，尤其突出的是与农牧劳作、农村生活相关的场景。这些故事带有浓郁的乡土气息。

第五则：抬杠街上有一家人吧，来了个客，是他舅舅。他舅舅是一个老头子了，很板正。这一家人吧，喂了两个老母鸡，蛋不下在自己的窝里，上人家的窝里去下，叫落蛋。他就说："你看这个老母鸡，净落蛋，下蛋不到咱自己家里，到人家里去了，咱也捞不着吃。"有个人就说吧："嗨，这个好办，把它的翅膀子给铰铰，它就飞不出去了，不就好了吗？"他舅一本正经地说："别给它铰啊，铰了它的翅膀子，母鸡就不下蛋了。"外甥媳妇开始说："舅啊，你说的这个我不信，那个妇女原来窝着纂儿，剪成半毛子（指短发，发长至颈），也没耽搁养活孩子哎。"（讲述人：毛发贵）

第六则：说这个人啊，他成天上班的时候就在屋里，风吹不着，雨淋不着，捂得蛮白生。有人问："你怎么这么白呢？"一人回答："嗨，人家能不白吗？人家又不日晒雨淋，又不出门，成天坐在屋里。”那个人说：“俺不信，那个碳拱子在地下不知待了多少年了，扒出来还是黢黑。”（讲述人：毛发贵）

第七则：抬杠街也有文明的，也有不大文明的，是吧？说是那天来了一个外地人，看见有个猪圈，那粪坑前面有棵树啊，他就说：“这树靠着粪，长得粗啊！”人家就说：“那个猪尾巴靠得不更近啊，没见它多粗啊！”（讲述人：吕安亭）

第八则：有一家人的牛跑到了别人家的地里，把人家的地给踩了。地的主人不愿意，想将牛赶出去，一想，它出去也会踩到地，就让牛的主人把牛给夹出去了。这确实是发生在村里的真事。（讲述人：张克永）

第九则：问：“你做什么工作的啊？”

答：“给土地老爷刮胡子的啊！”

问：“给土地老爷刮胡子是什么工作啊？”

答：“就是除草啊！”（讲述人：刘洪生）

第十则：抬杠通过探究原因就产生了。有个人发问：“你说鸭子吧，它在水里为什么不沉底？”有人考虑了一下就说：“它有逆水毛。”那人说：“不对，葫芦没有逆水毛，它为什么不沉底呢？”对方又考虑了一下说：“它是空的啊！”那人一想，然后又问：“那个蒜白子，它也空空的，为什么撂在水里就沉底呢？”（讲述人：吕同洋）

第十一则：最近几年产生的一个故事。俺的一个兄弟，去打兔子，“砰”的一枪，兔子的四只腿都断了三只了，还让它还跑了。别人听见这个事不信就和他抬上了。我那个兄弟就说：“就是蹦啊，它一只腿也会蹦啊！那皮球一只腿都没有呢，它不也会蹦啊！袋鼠，它蜷着两只腿跑得也不慢呢！”（讲述人：吕同洋）

第十二则：我有个老老爷，年龄大了，喜欢坐在墙根晒太阳，谁过来了他就给人家编故事。他没上过学，就那么会编故事。我们庄里有个姓闫的老头，大家都认识啊，见面了就互相说笑话。他叫闫振东啊，因为腿瘸，走路一颠一跛的，拄着个大拐杖就过来了。他们俩同辈，叫着名字也很亲切，他就说：“振东，我抛个谜语叫你猜！站着就像马歇蹄，坐着就像一张犁，头起脚不起，你猜猜是个什么东西？”他说的就是这个

他(闫振东)啊!(讲述人:吕同洋)

第十三则:形容一个老年人,年龄大,他说:"你看他胡子这么长,年龄不小了啊!"别人就说:"你看他胡子长年龄就大啊,那羊刚生下来就有胡子啊!"(讲述人:吕同洋)

第十四则:有个小孩,他爷爷喊腰疼,那个小孩也说腰疼。他爷爷说,"小小的孩子还有腰吗?"他孙子后来就把一把镰刀掖在腰里,有意让他爷爷看,问道:"爷爷,爷爷,那镰刀呢?"他爷爷说:"这不在你腰里啊!"小孩说:"你不是说小孩没腰啊?"(讲述人:吕同洋)

上述故事的场景都是上了年纪的村民熟悉的乡村生活及事物,比如第五则说抬杠街有户人家喂了两个老母鸡,下蛋不在自己的窝里,上了人家的窝里去落蛋,以及为人板正的舅舅来外甥家做客,与外甥媳妇的对话。第六则说的是有人坐办公室,整天不出门,捂得白生,人们将其与深藏地下的块煤的对比。第七则说的是农户养猪以及猪圈、粪坑等场景。第八则说的是牛跑到别人的庄稼地里。第九则说的是在地里锄草。第十则说的是鸭子、葫芦和蒜臼子。第十一则说的是打野兔子。第十二则说的是一个老头在墙根晒太阳,用"马歇蹄""一张犁"的比喻来笑话同辈残疾人。第十三说的是羊生下来就长胡子。第十四则说的是小孩腰里别把镰刀。这些农业和养殖副业的场景,其实是传统乡村生活的真实写照。

这些故事运用了大家熟悉的乡村事物与乡村生活,这样讲出来才会有效果,但不表示这个故事就必然是真实发生的事情。实际上,只要故事本身合情合理,符合听众对乡村的认知即可。如上述几个故事,除了第七则的主角是"俺的一个兄弟"、第八则的主角是"我这个老老爷"等有明确的主人公,可以确定是真实发生的事件外,其余的故事主角多是"这家人""这个人""有一家人""一个老年人""一个外地人""一个小孩"。这类故事应该是村民长期口耳相传的结果,传播的过程中保留了最关键的幽默对话,但是相关背景需要讲述者自己补齐。

每次讲述故事时,讲述者需要结合剧情需要、自身经历、听众反应等情况适时调整,所以每次讲述相当于一次再创作,久而久之,同一个抬杠故事会有若干个不同版本。例如在第一则故事中,将剪了翅膀的母鸡与剪了短发的妇女对比,是核心对话。而这个对话如果要显得更可信、更生动,它就需要合理化的对话场景。讲述者毛发贵设计出的是舅舅与外甥女的对话，场景是母鸡到别人家的窝里下蛋。其实这个故事的背景还有其他的讲述方式，例如下面的两个版本：

一位捡柴的老太太

第十五则：那时候各家各户都喂鸡，鸡又不拦着养，都是散着养。村子附近种的菜，鸡就老去吃啊。有一家的娘们，菜让附近的鸡吃了以后呢，她就在那儿对着鸡的主人家吆喝："你把你的鸡拦起来，你看把俺的菜都吃了。你不拦吧，就把翅子给它剪了，它不就飞不进去了。"这时主家出来一个四五十岁的娘们说："鸡剪了翅子就不下蛋了。"这个人就说："你说这个俺不信，老婆剪了半毛子还不生孩子了？"（讲述人：刘成总）

第十六则：有家人的鸡飞到屋上，把屋草刨坏了，下雨就漏水。一个人说，把翅膀给它铰了鸡就飞不上去了。一个自以为生活经验丰富的老头说："不能铰，铰了翅膀鸡就不能生蛋了。"一中年妇女跑过来大声说："俺不信，老婆铰了头发就不生孩子了？"老头语塞。（讲述人：闫振芷）

在第十五则故事中，乡村生活的场景是家家散养鸡，鸡飞到别人家的菜

园子吃菜，村民要求养鸡的人家把鸡翅膀剪了，这是两家的妇女之间的对话。第十六则故事是鸡飞到屋顶上，把屋草刨坏了，导致房屋漏雨，一个老头和中年妇女的对话。可以说，核心的对话是一样的，只是对话的角色和情节发生了变化。放在农村的环境来看，散养鸡及鸡跑到别家下蛋、飞进菜园吃菜、飞上屋顶刨屋草都是以前农业社会的常见景象。

从语言使用的技巧上来看，我们从调查所得的抬杠文本中可知，主要有巧妙运用语言的谐音，“数”与“树”谐音，“鱼”与“余”谐音，“高”和“羔”谐音，还包括方言口语的谐音，“淋到”的“淋”和“轮到”的“轮”同音，“二计”(犹豫)和“二级”同音等。其次，把事物之间进行类比，将鸡翅膀剪了毛和女性剪了头发类比，将兔子与皮球、袋鼠类比，将老人的胡子和羊的胡子类比，将坐办公室的人和炭拱子类比，等等。再有就是对因果关系的故意曲解，树和猪尾巴都靠着粪便，却为何长势不同；鸭子、葫芦和蒜臼子两两之间有相似点，为何沉浮不同；辣椒和柿子都是南下冶土地长出来的，为何柿子不辣，等等。我们同行的调查者在文章中将南下冶抬杠技巧归纳为类比型、谐音型、移花接木型、反其道而行之型[①]，意思与我们的上述归纳类似。

无论是走街串巷的小贩，还是人民公社时期的干部，抑或是农牧生活的场景，都已逐渐在农村工业化、现代化的浪潮中成为过去了。吕同洋曾经告诉我们：“吕家胡同被叫成抬杠街有100多年了，从清朝的时候就这样叫了。以前人们闲着没事啊，就在街上抬闲杠，后来人们都去搞企业、打工挣钱去了，没有抬杠的了。”[②]随着经典抬杠段子的参与者、创作者渐渐老去，正如村人的评价那样，抬杠的多是老年人，年轻人一般不抬杠。现在年轻人的娱乐多了，兴趣多了，他们不再依赖抬杠来打发时间，很多年轻人没听说过抬杠街，也讲不出经典的抬杠段子，但这并不表示抬杠这一语言形式不存在。实际上，本村无论男女老幼，很多人讲话都带有这种谈话的风格。

---

① 参见王加华、赵春阳：《村落语境、民众情感与地域认同——山东省莱芜市南下冶村抬杠习俗探讨》，《民俗研究》2010年第2期。

② 吕同洋，男，南下冶村人。访谈时间：2010年1月29日。

三、街头实践

抬杠在农闲和农忙季节都有发生，相比于农忙时节的偶尔为之，农闲时节的抬杠自然是极为兴盛。如何有意义地度过长时间的农闲季节是传统农村社会的一个重要命题。在没有电视、不能上网、缺少娱乐设施的时代，每个社区及村落都会有自己休闲活动的选择，众多的民间艺术也就在其中应运而生。在南下冶村这样一个有着独特个性的村落，抬杠这种并不独特的口头语言方式也自然而然有了别样的意义。抬杠集中发生在上午的十点钟到下午的四点钟之间，这与村民的作息时间紧密相关的。冬季的寒冷和家务的处理，使他们在忙完家事，吃过早饭，太阳升起的时候纷纷走出庭院，开始一天的户外活动；傍晚来临，饥肠辘辘的人们兴尽而返，又回到温馨的家中，开始了柴米油盐的生活。日出而作，日落而息，真的是他们的生活写照呢！

农闲季节的每一天，村民们吃过早饭，家中那些“没事的人”就开始出来活动了。他们出了院门，从家里来到胡同边上，看着远处也有人走来，两人就很有默契地一起走到街心，开始有一搭没一搭地说起闲话。这时会陆续有村民来到胡同里，参与他们的谈话，同时也会有人离开去处理别的事情；或者有人路过人群搭上的一两句话，也成了别人谈话的内容。

在老宅前面打牌的老人

我们说到抬杠的展开过程，也就是在描述村民日常的闲聊状态。前文笔者曾论

述过抬杠中谈话的三种形式。事实上，抬杠并没有严格意义上的完整形式，也没有统一的参考程式，它多是隐含在无数的闲聊和拉家常当中，是自然而然产生的，是可遇不可求的。其中，也许会有引经据典的言辞在其中，但都是极为贴切、恰当的话。当胡同口出现的村民越来越多时，闲聊也就很顺利地进行着。有时围绕同一的话题，大家一起在说，有时三三两两地各自说着，当一些话题引起众人的兴趣以后就会展开讨论，你一言，我一语，好不热闹！

例如，吕家胡同口有一群村民正在闲谈，有一人（乙）从打吕家胡同口路过，走向通往村外的小道，人群中有村民（甲）和他搭话：

甲：今天不是集啊！

乙：我不赶集，我逛超市去！

甲：你这衣服什么时候买的？

乙：自己做的，自己买的毛线呢。

甲：嗯。

这人边说边走，并没有停下脚步，走远之后，村民（甲）和胡同里的村民（丙、丁）开始议论他。

甲：你看，人家有闺女，三个闺女，好啊！

丙：你三闺女，没有给你喊魂的。

甲：没有喊魂的，他还能掉到沟里去啊！

丙：不掉到沟里。没人给他喊魂啊，他不知道路啊！

丁：不知道路啊，人家现在不会打出租车啊！

人们一下子哄笑起来，掩饰不住的笑声在胡同里传开，每个人都乐呵呵的，各自以不同的方式表达着内心的欢乐和愉悦，即使辩论失败的人，都是一副心满意足的表情。这时候，对于到底是生儿子好还是生女儿好的讨论，不重要，他们的讨论也并没有得出一个结果，笑声结束之后，人们很自然地转入另一个话题。此时，有热心的村民解释说："这就是抬杠，本来这一句不是抬杠，但是它有前提，前提就是说人去世了。"也就是说，抬杠是有语境的，一般来说一个人不认识路，打出租车去，这是正常的情况，而这里说到这人去世后的情况，他要是打出租车的话，就不符合常理，因而也就是抬杠。

在这段谈话中，村民丁之前并没有太多的言语，只是作为一个旁观者，听别人闲谈，他忽然之间插上这么一句，瞬间成为这一谈话的主角。正是这种“观众”和“演员”之间的角色互换使得抬杠特别有魅力，人们也更乐于参加，这也是抬杠区别于骂街、讲古（说书、讲故事）、拉家常等民众口述语言的独特性所在。一个人只要有灵感，想到了一个绝妙的说辞，马上就能成为众人关注的焦点。这不仅在当时会让参加者的虚荣心得到小小的满足，事后人们也可能会因为这一经典的说法而记住这句话、记住这个人，从而在村民交往之间传承下来，在村际往来之间广为流传。

抬杠的结束与其开始一样，完全没有什么规律性，只是顺着人们的思路和语言进行下去，没有裁判，没有观众，但因为每个人都是参与者，所以每个人又都是裁判，都是观众。抬杠往往在大家的笑声中达到高潮并结束，但是这里的结束并不是终止，而是一个话题告一段落的标志，是下一个抬杠开始的预告。

吕家胡同路口打牌的人们

笔者在南下冶村亲历过多次这样的抬杠过程。例如，有一次，村民吕同洋在胡同口和几个人打扑克。其中一个人问：“打到几了？”一人回答：“打老

婆啊!"也就是打到七(妻)了。答完之后几个人笑笑,并没有人接住话茬,大家还是自顾自地理着手里的扑克牌。在村民的理解上,这就是一个完整的抬杠故事。接着几次打完之后,升级了,又有人问:"打到几了?"有人回答,"打K,打K没有钱,一级有钱,二级没有钱,二级二级就没了。""二级"和莱芜方言中的"二计"是同音词,是耽误、犹豫的意思,意指因犹豫而错过机会。就是在这样的循环往复中,在人们乐此不疲的满足中,抬杠一次次上演,并在相当长的时间内占据着该村精神文化生活的重要位置。

有些"梗"在日常生活中常常被重复使用,以至于往往不能给人们留下很深的印象。正如他们对"抬杠"这个词语的使用一样,都是大同小异的方法。或者说男人爱抬杠,女人不抬,因为抬不动;或者说年老的爱抬杠,年轻人不能抬;也有人会说,能抬啊,有的是力气;等等。但更多的是他们平常在说话中闪现的"梗"。例如前述"打出租车去"的故事,还有在吕家胡同调查中遇到的一段抬杠:"修家谱一口人十块钱,修祠堂你算算要多少钱,这没数啊!""你咋说没数,这不都是树啊!""盖完祠堂以后的钱就没有余的了!""你咋说没余,河里不都是鱼啊!"还有一次,我们在闫家街南口与一位中年男人聊天,过来一位老人,我们就问那位老人:"您高寿呀?"中年男人接过话茬,用手比了一下说:"高,有这么高。"类似这样闪现在人们日常生活中的灵性语言,总是随着谈话的结束而终止。也许下次在别的场合中,别的当事人也用同样的语言来抬杠,但他们并不会刻意记忆。

在街头抬杠的实践过程中,人员的流动性也是一个重要特点。村民来来去去,有的逗留一会儿就去处理别的事情,有的全程参与。抬杠的主体并不是固定不变的,在一群人的聊天拉家常中,精彩的言论在每个人的脑海中孕育着,没有专门一对一、一对多或多对多的形式,只要当时在场,甚至匆忙路过之人都会是抬杠的主角。如果把抬杠看作发生在乡间的一场戏剧表演,那么抬杠中的观众与演员角色是可以互换的。一直口若悬河、滔滔不绝的讲演者可以因为听者的一句话而使之前的侃侃而谈成为成就别人精彩的铺垫,那个默默无语、低头沉思的听者也可能就因为这句话瞬间成为全场关注的焦点。此外,从开始到结束都在聆听的旁观者,虽然同样收获了笑声和欢乐,但却感受不到那种切身体验之后久久回味的美妙。欣赏者也只有参与其中,才能真正体会到抬杠的魅力和精髓。

外来商贩总能吸引村民围聚

抬杠氛围的营造是南下冶抬杠活动展开的重要前提，精心安排的抬杠在这里很难进行下去，更不用期待会有什么精彩的表演。抬杠在南下冶村被视为一种日常生活的内容，一种没有任何设计和指导的乡间活动，没有任何村民将其称之为"艺术活动"。村民只会在轻松的氛围中、嬉笑的环境下才会放松心情，展开丰富想象，释放语言灵感，即兴交谈中闪烁着智慧的火花。如果研究者一厢情愿地把抬杠看成一种可以放在固定舞台上表演的艺术形式，那么在这里显然是不适宜的，所有要求他们刻意表演的努力都是徒劳的。

四、抬杠的规矩

抬杠，不是一般意义上的闲聊、拉家常，而是南下冶人在他们的生活世界中所理解与实践运用的那个抬杠。"抬杠"成为一种村落传统之后，被人们不断地强化和实践，渐渐也就成为一种人们争相操作的社会资源。对于

这一传统的操作，多表现在主体参加和评价“抬杠”的活动之中，隐含着村落运作的一般机制。正如抬杠刚开始出现发展势头的时候那样，人们可能并没有太多参与的热情。随着抬杠的影响不断在村落内外和周边社区扩大，抬杠就隐含了一种超过自身价值的意义。

看似散乱、随意、没有规律的抬杠活动，实际上具有一定的规则和特征，尤其是它必须在基本的社会关系框架下展开。虽然抬杠的参与者可以是任何人，不分男女老少都可以参加抬杠，但实际上什么人是合适的抬杠对象，村民有自己的认识。正如棋逢对手才能杀得尽兴一样，抬杠也需要有合适的对手才会收到良好的效果。双方关系亲疏、辈分高低、性别甚至有无利益关系，都是影响抬杠发生及其效果的重要因素。可以说，村民只有在通达人际交往、恰当掌握彼此关系与对方性格的基础上，才能正确选择抬杠对象。毕竟，抬杠本身就是一种特殊的社交方式，抬杠者的行为要符合社会期待，它不能损害既有的社会网络和社会关系。在遵守基本的社会规范下进行抬杠，才会实现“从心所欲，不逾矩”的效果。

村民聚餐聊天的场合

抬杠者之间一般关系较好，相互比较熟悉，可以适当开点玩笑。超越这个关系界限的往往都不适合抬杠：一方面，亲密朋友之间一般不抬杠；另一方面，那些素不相识的、没什么交情的人更不能抬杠，否则被视为无礼、不尊重人，可能引发口角甚至对抗。刘成总曾跟我们解释说："就好比咱吧，关系很好，你和我抬一句，我和你抬一句。抬杠本来就是关系很好的人们之间才进行的一项活动。关系不好的话，一抬杠就可能产生和激化矛盾，甚至打起来。'你和我抬杠，故意堵我，是不是对我有什么看法？'接着肯定就是：'你怎么着？'为啥抬杠闹不成大矛盾？本来他就没错。"[①]熟人之间的抬杠本来就是玩笑性质，没有恶意，甚至能增进相互之间的默契。

陌生人之间抬杠往往具有敌意和对抗性，但是现实中，这样的抬杠也有若干事例。前述经典抬杠故事中，战败的小商贩、公社干部往往是无言以对，落荒而逃，甚或恼羞成怒，当场翻脸。所以这类抬杠不仅不利于建立与外来者的和谐关系，实际上，此类抬杠的主要目的就是要对抗。这些故事在一遍遍讲述的时候，同样强化了这种对抗关系。比如，前几年曾出现过一位村民与干部斗嘴的故事：有村民甲去政府部门办事，说了一句以前怎么着、怎么着的话，办事员怼他说："那你去找以前那个人吧！"村民甲生气地说："难道要我去找毛主席吗！"显然，村民甲通过抬杠的方式，表达了对基层干部不作为、推卸责任的不满。由于干部处在体制内，与他不存在直接的个人关系，不会损害基本的社会关系框架，所以这种抬杠是可以被接受的。

与外地人、公社干部等陌生人之间的抬杠并不是频繁发生，但却多是南下冶村最经典的抬杠段子。这些段子在人们中间口耳相传，年复一年地被强化，甚至影响着本村的声誉。有些针对公社干部的段子听起来带有辩难、嘲讽的意思，以至于有些干部对此颇有意见。我们曾经与颜庄镇负责文化工作的干部聊天，他们有的就认为南下冶村民多"刺头"，"不好打交道"，言谈之间对这个村的民风颇有微词。实际上，南下冶村民也意识到与陌生人抬杠不利于村落形象。对于这一点，刘成总就说："人家都说俺这个村里人好抬闲杠。实际上好抬闲杠，也是没有素质的表现。"有些村民认为南下冶人是在辩理，不存在抬杠；村里甚至将抬杠街改名为"致富街"等。这都是为了弥补抬杠给村落声誉带来的负面影响。

抬杠者之间的辈分区分很重要，毕竟在乡土社会认知中，长辈应该有长

---

① 刘成总，男，南下冶村人。时间：2009年9月2日。

辈的样子，晚辈应该有晚辈的样子。年幼的孩子出言“反驳”长辈，往往会引来众人的起哄，这让当事人面临的难堪胜过被刁难的事实。不仅是孩童，即使在成年人的队伍中，不同辈分之间抬杠也常常被理解为是不文明的行为。村民认为晚辈与长辈抬杠有违传统礼仪，对长辈不够尊敬，是不守孝道的一种延伸；长辈与晚辈抬杠则有一种为老不尊的意思。对此，闫振芷总结道：“一个是上下辈之间差别很大的，老人和孙子一般不抬杠；侄子和大爷也不抬杠，和叔有时候就抬杠。抬杠有时候是一种笑话，有时候还会真的抬恼了。”[①]抬恼了，就是因为抬杠违反了辈分界定的社会角色，让对方觉得难以接受。

妇女们在劳动中聊天

性别是另外一个制约抬杠者的因素。与男性相比，女性之间抬杠的事例相对较少，甚至有老大爷就跟我们说“女的不抬杠”。这种情况固然反映了部分实情，毕竟相对于男性而言，女性性格上不喜冲突，比较在意别人的看法；而且女性社交范围狭窄，知识范围相对有限，这些都影响到她们对抬

① 闫振芷，男，南下冶村人。访谈时间：2017 年 4 月 18 日。

杠的参与。但是笔者认为,这更可能与男性村民的认识有关,也就是说,在男女有别的乡村社会,男性村民可能认为"女的不适合抬杠"或者不了解、不愿意讲女性之间抬杠的例子,这导致她们之间产生的笑话,未必会传播到男性社群中。

虽然异性之间很少抬杠,但有些人好闹笑话、性格开朗,所以只要双方关系、话题等方面拿捏得当,也未尝不可一抬。实际上,勇于参加异性抬杠的女性,也时常有出色的表现。例如有一次,我们在向一位男性村民询问抬杠习俗的时候,一位大婶从旁边路过,男性村民打趣她说:"选你吧?""选我做啥?""他们听说南下冶有抬杠街,来选代表抬杠去。""行啊,要力气有力气啊,你看!"这就是非常流畅的异性之间的抬杠。再比如前述的抬杠故事中,也有几个异性抬杠的例子,虽然未必是真实发生的,甚至讲述者有些故意取笑之意,但至少在村民观念中,一定程度的男女抬杠是可以接受的。

异性之间的抬杠忌讳颇多

性别、辈分等因素交织形成了各种社会角色忌讳,它使抬杠者必须时刻注意其言行是否符合社会规范,有时候这导致抬杠无法完全放开。闫振芷

在《抬杠街》手稿中写道："南下冶人极懂礼法，虽是娱乐，但不能越轨。"越轨的话容易成为笑柄，这在观念保守的乡村社会是很严重的事情。刘成总说："男人和女人之间抬杠的也有，比如叔嫂之间。但是他们仍然要遵循农村的老规矩，比如说大伯和兄弟媳妇之间，抬杠抬个一句半句的还可以，多了别人就会笑话了。如果双方之间关系不亲近的话，就可以开个一句半句的玩笑；如果关系亲近的话，首先兄弟媳妇不敢，大伯也不好意思。"[①]换言之，越是重要的社会关系越要维护，不能被人笑话。另外，像是前述外甥女和舅舅抬杠的故事，讲述者不忘在后面评论一句"这个不太雅观"，原因正是它触及了社会角色的忌讳。

抬杠话题的选择和乡村生活紧密相连，具有开放性和随意性。他们之间的谈话总是从生活中的小事开始，比如昨晚看了什么电视节目，昨天赶集遇到了谁，听到了什么新闻或者谁家发生了什么事情等等，所有生活中的大事小事都是他们的话题。在一次调查过程中，笔者观察到他们的一段谈话主要涉及了一位村民自述差点被骗的经历、当今社会大人溺爱孩子的问题、美国向台湾出售武器、农村社会中的生育观、政府部门办事态度等内容。尽管这些"公共问题"被拿出来郑重其事地讨论，但是他们并不在意这些事与自己有什么关系，也不关心其对村落有什么影响，只是找些无关紧要的话题"抬闲杠"，把它看作一种单纯的闲谈，一种消磨时间的方式。

抬杠作为一种聊天的方式，要遵守乡村社会的一些忌讳话题。村民都是乡里乡亲，低头不见抬头见，所以一般不会公开讲其他村民的坏话。虽然闲聊也会评论村里的人和事，但人们交流的内容以不针对个人、不引起争端、不涉及隐私、不搬弄是非为宜，尽量不涉及村落内部具体的利益关系和敏感性话题。涉及个人的丑闻、家庭的争端等负面信息，即使是大家心照不宣的事情，也不会拿到公共场合去评价和说笑。比如说街道上有媳妇对她婆婆不好，这类事情只能私下聊聊，如果用抬杠的方式谈就改变了原来事情的性质了。因为当事人就会认为你对这件事有看法，可能会引发争吵甚至打架。换言之，抬杠因为话题受限，无法起到舆论监督的作用。

尽管村民一再强调不会拿别人家的短处、私事、丑闻说事，但事实上假

---

① 刘成总，男，南下冶村人。时间：2009年9月2日。

如以开玩笑的方式讲出，加之双方关系不错，且能够接受这种讲话方式的话，适当抬一抬杠还是有的。比如，同辈相熟的村民之间会取笑对方的生理缺陷，这种情况需要双方对彼此都十分熟悉了解，否则的话很容易造成冲突。刘成总跟我们说："抬杠伤感情。你看当时是玩笑，抬多了就会引起矛盾。几个人在那里胡抬杠，摆龙门阵，因之导致红了脸甚至打仗的事有的是，但严重的事没出现过。当然也出不了什么大事，都是抬闲杠，打什么仗，人家笑话你，就是没有素质。引起大矛盾的没有，但是小矛盾不断。为什么呢？因为没有什么事，没有根本利害冲突，只不过是一句玩笑话，在当时吧是一时之愤。"[①]这类"伤感情"的抬杠故事在村民的记忆中很少，也许是有心回避、刻意淡忘，而很少对外人说起。

作为村民娱乐休闲的重要手段，抬杠给村民的日常生活带来欢乐和满足，为村民单调的生活增添了色彩，成为他们难以割舍的生活实践；伴随抬杠活动的人员集中，连接了人与人之间的关系，培养了他们的交际能力；抬杠在村民的代代相传中传承了村落的文化传统，强化了共有的文化个性。抬杠成为他们的坚持和守望，并不仅仅是因为它有娱乐、益智、交际等实用价值，更有民众在精神世界里超越生活现实的功能。劳累一天之后，抬上那么一场，疲倦的身体顿时感到舒适畅快；人们在抬杠中得到的精神满足也会在一定程度上弥补他们在现实生活中的不如意，使他们暂时忘了经济的贫穷、琐事的烦恼。在那个时候，抬杠更像是体贴心灵的一剂良药。

村民借用一些笑话作为他们自己的抬杠内容，无疑是和他们对待抬杠的态度有关。该村大部分村民认为抬杠就是讲笑话，说俏皮话，只是在说话上别出心裁地"别"(即反驳)对方一下，并没有伤害别人的意思。擅长抬杠可以说明这个人聪明、脑瓜好使，同时也可以锻炼人的思维反应能力，有利于智力的开发。还有人认为这是物质和精神生活都很贫乏的时代穷人自己的一种乐趣，他们在自娱自乐的活动中荡涤一身的疲倦。持这种观点的多是吕姓族人以及一些思想较为开明的村民，一个关乎自己和祖上名誉的事情不能否定，况且他们本身就认为反应快是一个值得夸耀的优点，而不在意或者是有意忽视它所带来的负面影响。他们认为"抬杠不红脸，一笑就过去了"。

① 刘成总，男，南下冶村人。时间：2009年9月2日。

大部分村民，包括大姓人家、村落精英在内，对抬杠文化受到学者关注还是颇为自豪的。有的人很有兴趣地反问我们："你咋知道的?"有的还会讲上几个经典抬杠事例。抬杠，就和其他村落习俗一样，外人的探究激发了他们对自身文化的兴趣。在这种情境下，村民多表现出对抬杠的浓厚兴趣，不论他们是不是抬杠的高手，不论他们对抬杠是持赞扬还是批评的态度，都显示出他们对此事的参与。例如，他们会很热情地评论谁抬杠抬得好，著名的抬杠高手有吕同可、吕守庭、刘学恩、孙守经等，他们往往被评价说"脑瓜子灵活""说话可喜人了""比较厉害""说话能叫人笑破肚皮"等，他们的抬杠段子也为人所津津乐道。

村民吕发亭接受采访

当然，人们自豪之中也带些复杂的感情，尤其是干部、教师、退休职工及受过教育的村民，觉得"抬杠"一词不好听，希望为"抬杠"正名，更愿称之为"找理""辩理"。村里一位吴姓书记曾说："抬杠很有意思，有点像不文明、不讲理似的，回味起来，有些也很有道理。抬杠是一种谬论，很有意思，不是褒

义,也不是贬义,持一种中性的态度。”[①]比如刘成总说:“抬杠,按咱文学上来说,就是辩理,也可以说是一种辩论的方式。抬杠就是找理、挑理。你说没有理呢,他挑理。你说大的小的都能打,我让你打个大的,你干不了。打个小的,你也干不了。只能说你的范围铺得太广了,说大话了。实际上就是挑理。”[②]吕发亭也认为:“他脑子反应得快,他要找理啊,通过一件事或者一个事物,你说这么的,我说那么的,哎,找理啊,找理找得好,老百姓就说你抬杠,实际上是辩理。”[③]当然,这种看法表明他们很希望自己的文化被社会认可。

如果说“正名”算是一部分村民对于抬杠的温和的态度的话,那么还有一部分村民就没有那么温和了。他们主要关注的是抬杠带来的负面影响,认为抬杠会影响村落内部以及村际之间的交往和人际关系,因为抬杠多少有点“噎人”的感觉。有村民就说:“这也不是什么理论,一些歪门邪道啊!”毕竟在抬杠中,与人辩论,为了赢过对手,不惜强词夺理,狡言诡辩,使得对手无言以对。赢家自是沾沾自喜,输了的一方虽然当时也讪笑两句,但心里难免不服气,若是改日找到机会“报仇”自是快乐。假如因此而被邻居长久取笑,难免也会遭人排斥。当然,抬杠中还有一些不文明的言行,也使得人们认为说一个人爱抬杠是一种批评和责怪,会给吕姓族人和村落形象带来不好的影响。被取笑者总是会找机会发泄自己内心的不满,对抬杠活动本身进行批判也在情理之中。还有些村民因为姓氏、性别、年龄、教育水平等因素,本身就没怎么参与抬杠,所以对抬杠习俗也没有什么特别的好感。

村民在回忆、讲述、评论抬杠的时候,其实反映了他们用什么样的视角去看待村落的文化,从而显露了自己的价值立场。村民尤其是村落精英在积极对本村文化进行解释、辩解的同时,受到“致富”“文明”等话语的影响,很自然地将“抬杠”视为农业时代落后的娱乐方式,是没有工作的人穷极无聊打发时间的方式,将其等同于贫穷、愚昧与不和谐人际关系的代名词。即便能够正面看待抬杠功能的村民,对于抬杠本身也多认为是以前文化素质低、缺乏其他娱乐方式的产物。刘成总的评论颇具代表性:

现在的抬杠现象与前两年相比少了不少。俺这个村抬杠比较出

---

① 吴姓书记,男,南下冶村人。访谈时间:2010 年 1 月 26 日。

② 刘成总,男,南下冶村人。时间:2009 年 9 月 2 日。

③ 吕发亭,男,南下冶村人。访谈时间:2017 年 4 月 19 日。

名，在外边经常惹事，说话随便。你看，人家正在那儿说着，你突然顶上一句，就会把人气得不得了，俗话就是“噎人”。这几年咱中国整个的文化素质提高了不少，人们的文化素质也提高了，很注意个人的形象。所以说，抬杠只不过是作为一种消遣的娱乐方式，不是真的为了争吵。你看几个人到一块以后，还是脱不了你说一句、我说一句，还是有这种现象。但是呢，如果和你们外边来的人说话，基本上就不再抬杠了。那时候，人们没有电视，没有啥娱乐方式，也挺闲得慌。[①]

随着生计方式、居住格局、人际交往模式、娱乐方式日益远离传统的农业社会，群聚路口、扎堆聊天的现象减少了，抬杠存在的社会环境发生了重大变化。闫振芷在其《抬杠街》的手稿中写道：

南下冶村在以前抬杠的多，现在抬杠的少了。因为以前农村生活单调，没有现在这么多的娱乐条件，四季忙闲有序。现在娱乐活动多了，各人的事业也多了，一年四季天天忙。抬杠街上的人也都搬迁了新居，相聚的机会也少了。

从整体上说，现在村里大多数年轻人都不知道抬杠是怎么回事，可是也不是完全没有年轻人抬杠。例如，吕发亭说：“现在有几个青年，抬杠抬得好着呢，他们脑子好，辩理辩得不孬。”[②]也许以后不再叫“抬杠”了，抬杠的习俗也许会自然而然地消失，但是，作为一种开玩笑的说法与风格，它仍然多多少少地影响着人们的生活。

总之，作为民俗学研究领域中的口述传统，抬杠承载着民众的历史记忆，同时也建构了族群认同的边界，对于乡土社会的研究具有不可替代的作用。上文从抬杠与社会结构、抬杠话题的忌讳、抬杠与文化认同、抬杠的传承等方面阐释了抬杠作为理解南下冶社会的意义。在此过程中，我们尽量避免先入为主的观念，强调了村民自身视角的重要性。正如历史学者陈春声所说：

乡村社会研究者的学术责任，不在于指出传说中的“事实”的对错，而是要通过对百姓的历史记忆的解读，了解这些记忆所反映的现实的社会关系，是如何在很长的历史过程中积淀和形成的。[③]

---

① 刘成总，男，南下冶村人。访谈时间：2009 年 9 月 2 日。

② 吕发亭，男，南下冶村人。访谈时间：2017 年 4 月 19 日。

③ 陈春声：《乡村的故事与国家的历史——以樟林为例兼论传统乡村社会研究的方法问题》，黄宗智主编：《中国乡村研究》第 2 辑，商务印书馆 2003 年版，第 14 页。

第六章 村里的人 村里的事

一、1955年以前

张克永(1928年生,村里白公事专家)

我年轻的时候就是出力种地,只上了3天学,日本鬼子进了颜庄,我就没再上了,那时候我12岁。村南边的那个桥是日本人修的,我们被强制按时出工干活,大人去经常挨打;小孩子去,日本人不打,他们还会跟小孩子学中国话。日本人之所以修桥,是因为原先的大路是在河那边的。他们白天修路,我们晚上就给扒了,共产党和国民党一起和日本鬼子作斗争。咱这个庄里有人是共产党,也有人是国民党,他们之间互相不争斗。

那时候村里没有做大买卖的人家,做小买卖的人也不多,有就是卖火烧、卖馍馍、卖挂面之类的小生意,维持生活。再有就是赶集,赶颜庄集。还有下关东的,就是现在说的出去打工。咱这个庄里学手艺的多是在建筑队,早先的时候学手艺的有干木工、泥瓦匠的。学手艺的这些人,姓闫的、姓吕的等等都有,大家互相搭着伙儿干。

那时候人们就是种地,村里的经济条件都差不多。谁来得早谁就占的地多,吕家来得不是很早。"闫家岭,狄家洼,吕家来了第三家。"张家来得晚,占的地不是很多,也还行,能维持生活。狄家现在没有多少人了,只有几户了。闫家人比较多,他们的土地这一代就卖掉了很多。吕家在村里人口不

算少，他们没有多少文化，但在村里还行，以前比较富裕，后来说败就败掉了。吕家人爱说些顺口溜之类的话，个人好说话，就跟着编唱之类的，我有知道的，也有不知道的。就和早先玩杂耍的似的，搭起场子就说两句，到哪里就编说哪里的事。

张克永

抬杠街在北边，姓吕的住在那里的多些，也有一些其他姓的。早先的时候村里又没有广场什么的，大家都是在街上玩。我在南头住，抬杠街在东头，我不大去那里玩。那时候按照姓氏划地，一个家族住在一起，现在不管姓什么都互相掺和着住了。吕家，还有其他各姓之间，关系都很好，没有什么争吵、不和之类的。

吕发亭(1938 年生，退休教师)

辩理辩得蛮好的，就那几个，人脑子好使啊。现在，他们有几个家庭搞得很好的，他有那个脑子啊。在这个年代，你得敢干，有这个智力。

咱说的那些老光棍都没了好几十年了。那时候这个抬杠就从他们起来的。有几个老头，脑子好使到什么程度啊，看见什么张嘴就来，能编唱顺口

溜，惹得大家哈哈大笑。我们这家有一位，我叫他老爷，穷得拾了一辈子粪。你看这儿有两个人啊，他看见了，想说其中一个人，编得特别流畅，惹得大家哈哈笑。他看见那个石牛了，顺口溜张嘴就来，编上一大串。你比如说这个小车在这里，他张嘴就来，编得头头是道。

吕发亭

过去踩高跷，大家都跟着看啊。“来了高跷队了啊！”人们不都出来看热闹嘛。他若看见一个熟人，当场就可以把有关他的故事编出来。他拿搓板，实际上搓着两个板子“咣噔、咣噔”的，若干人都跟着看啊。他走到哪庄就编哪庄里的事，一套一套的，编得真是喜人，还带表情的，不结巴，也不停顿。

他一字不识，不认得大和小。那老头编的，就现在来说，就是顺口溜、诗歌之类的，还都很押韵。1949 年以后，国家也没有挖掘乡下这伙人才啊。他不识字，能都给记录下来也行啊，是吧？

我家上一代是纯粹的老农民，一字不识，没点本事。我上学的时候父亲就没有了，那时候我才 7 岁。我父亲啊，病故的，还不到 40 岁。我兄弟四个人，没有姐妹，我是老三，是老母亲把我们拉扯大。老母亲活到 93 岁，受了一辈子苦啊。我干了 41 年的小学老师，在外村教过书，在本村也教过书。语文、数学、历史、地理、自然、思想品德都教过。一般情况下我是教三门。

闫振芷(1948 年生,退休教师)

俺的家庭,据说是自俺太老老爷(高祖之父)闫自富那个时候起,就兴这个经商和农业相结合,商农结合。他上南方去贩茶叶,做买卖,这样生意就发展起来了。他也是农民啊,就是稍微有点头脑,有点花样,就做点买卖,都为了发展不是嘛,为了挣钱、买地。俺老爷(曾祖)是闫树山(音),闫树山上头是闫作山(音),闫作山上头是闫恺,闫恺上头是闫自富。

我听父亲说过,就是 20 世纪 40 年代末 50 年代初,政府一过来之后就很注重抓这个民心,对老百姓照顾得很好啊。它这个核心宗旨就是为民嘛,你得承认共产党的这个根本宗旨啊,是吧。每年春上困难,政府拨下来部分救济粮。1953 年,救济粮基本上这几个人(指村干部)在村里做主啊,救济粮给谁家,得分啊。有的家庭都不要啊,嫌臊,你说这个给张三吧,他就说“俺不要”,这个很不好。天黑了给人家送去啊,挺不好意思的,人家睡了觉了,叫开大门以后,扛着半布袋粮食去了,说“给你粮食”,他心想就是“咱没过好,咱穷啊,救济咱,吃救济粮”。

闫振芷

闫振芷家的老照片

闫振芷叔伯等人 1940 年在青岛

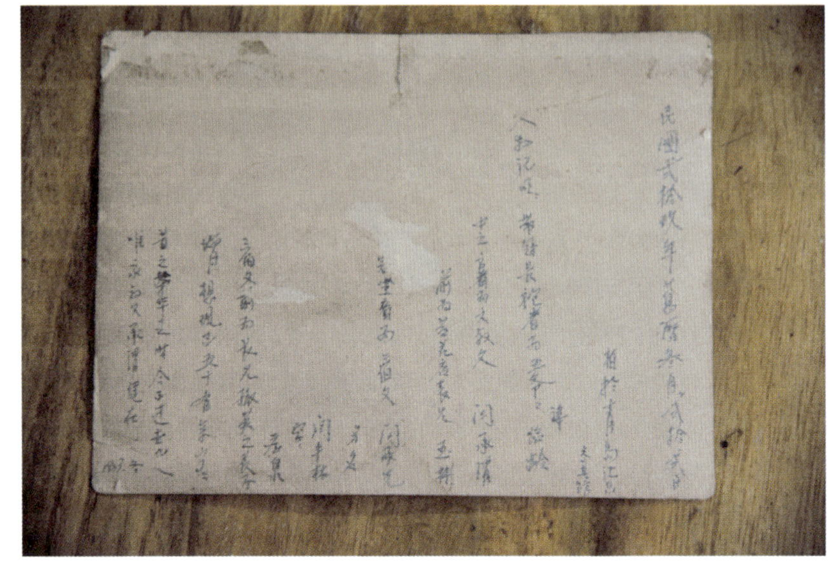

闫振芷 1983 年在照片背面写的说明

我父亲他弟兄多，弟兄七个，俺父亲是老四。俺大爷在里头住，俺二大爷他不过来。俺父亲、俺五叔、俺六叔、俺七叔，这四家合伙住。五叔、六叔、七叔在青岛干公家事业，1949 年以后，在青岛挣了钱来家里。我父亲在家里，他们还得种庄稼吃，打听谁家有卖地的，买一块买一块的。20 世纪 50 年代的时候，他们就买了六七亩，是六七大亩，1 大亩是现在的 4 亩，一共 20 多亩地了。20 多亩地，俺名下不多，俺名下就是 3 亩多。

我父亲最起码是小学毕业，他 1946 年的时候参与村里的文书工作，他算盘打得很好。到了那时候他还是农民，一半时间干着文书工作，一半时间种地。后来到了 1953 年的时候，乡里、公家、县政府组织成立了供销合作社，是颜庄供销合作社。供销合作社的领导叫王秉全，在俺庄当过指导员，他是 1949 年来的，来这儿待了不到一年。人家是老干部，对革命贡献很大，很早就走出去到黄花乡当了乡领导。到了 1953 年的时候呢，国家就成立了大型的、全面的供销合作社。他在这庄待过，和我父亲共过事，对我父亲能力、人品这方面蛮相信，于是他来叫我父亲，说你去记账去。那时候供销社东西很少啊，记的是流水账。俺爷、俺父亲当时不想去的，说“我在家种地啊，我不去了”。以前的时候那个农民比较守旧，对上外头干事情不是很喜欢，感觉

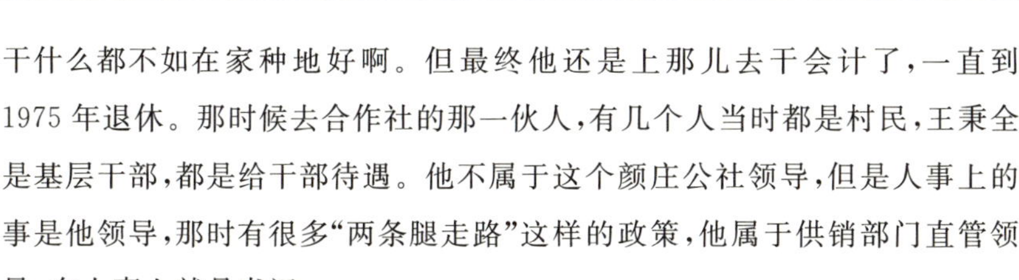

干什么都不如在家种地好啊。但最终他还是上那儿去干会计了，一直到1975年退休。那时候去合作社的那一伙人，有几个人当时都是村民，王秉全是基层干部，都是给干部待遇。他不属于这个颜庄公社领导，但是人事上的事是他领导，那时有很多“两条腿走路”这样的政策，他属于供销部门直管领导，在人事上就是书记。

就我的观点啊，旧社会的时候吧，这人要是说你是贫农，他会很臊。但是从这个20世纪50年代末到70年代，是越穷越光荣。人们会自豪地说：“我是贫农！我家是贫农！我家是几代的贫农！”但是现在，你看这本身的观念就在变，谁富谁光荣啊！邓小平讲的就是“让一部分人先富起来”嘛。反正阶级观念这个事，特别像这些东西它不好说也说不明白。年轻人，你给他说这些他转不过来，到底是富的好还是穷的好？当时我家也没受过批斗，但是也不是社会最眼子户（尽吃亏），也不是那种。

吕同教（1943年生，农民）

吕同教

我父亲早早去世了，1947年打仗他没有回来，不知道去哪打仗。1953年我们分的家，父亲有兄弟三个，我们分了两大亩地。那时候家里就我和一个妹妹我们两个小孩。小时候家里生活比较困难，自己那时候还不能干活，妹

妹更小，是母亲一个人将我们拉扯大。种地的话，真到时候有姥娘家舅舅会帮忙。母亲去世10年了，妹妹嫁到在另一个村，她现在住上楼了，人家有钱，有福了。

我上小学那时候先上到四年级，到1954年、1955年，西沟村成立了一个“完小”，四年级上完之后我又上了两年。

二、1955～1982年

闫振芷

我们家入社最早。那会儿分初级社、高级社，初级社我们就入了。初级社是庄里处过伙的人，你愿意入啊，你就把你家的地、你家的工具、你家的牲口，拿到社里来。初级社这样，到了高级社不行了。高级社一呼啦大家都入了，东西无所谓谁的了，谁的耩子，谁的犁耙、绳索，谁的车子，你用的东西都入到合作社。当时叫“南下冶高级生产合作社”，后来是“颜庄人民公社”，公社第一任书记是冯雪海(音)。到了20世纪80年代以后才有了镇政府，那是恢复了1949年初时候的名称。国家一些材料上有些东西记录的也是语焉不详。

1958年不是吃食堂嘛，这个人都懒惰，反正都有管饭的，四五口人也是去吃，两三口人也是去吃，一样。吃饭的话起初不定量，去了以后人们拿地瓜、拿煎饼，随便吃。过了很短的时间人们就发觉不行，这样不长久啊。到1962年以后就发饭票，俺家四口子，五天发五斤饭票，不够吃。

1959年就开始生活困难了，人们吃树叶、野菜，也有逃荒要饭的。我父亲是干部，那时候根本不沾公家的东西，啥都没有。俺弟兄三个，在家里，就是俺母亲劳动。那时候有饿坏人的，俺家的老二就饿晕过一回。那会儿吧，俺父亲拿回家里来一瓶豆油，用那豆油熬的齐齐菜。老二吃饭尖馋，他不吃菜，一会儿到天黑就饿晕了。俺娘那时候在家里东屋里住，我娘就叫父亲“快点儿起，快起来”，老二饿晕了。饿晕以后老二身上出汗，俺父亲赶快拿来一些红糖，我赶紧倒水沏了点红糖水，给老二灌下去，后来他才缓过来。

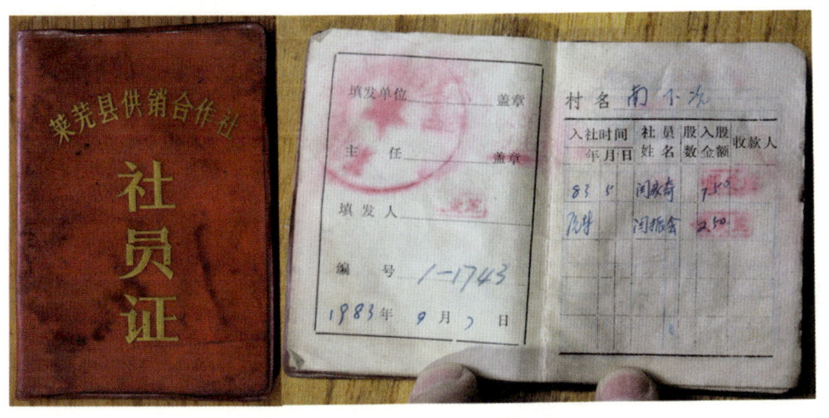

闫振芷家的莱芜县供销合作社社员证

那时候我是放了学就去拔菜，出去五六里地，十三四岁啊。拔了以后，俺娘到后晌把那个菜一点一点地用，不敢用瞎了。她说不知道跑多少路，那红苋菜临近村子也挖不着，你得跑很远才能挖着啊。山里是石散地，没有多少树，只能种点豆角，是个添补。俺这个不行，俺家没人，俺父亲不在家，就指望着俺娘劳动，工分也很少。再一个我们家办法也少，只能指望多吃青菜。俺家里那点儿豆子搁在炕席子底下藏着，舍不得吃。

那时候困难总结起来有三个原因：一是苏联要债，二是自然灾害，三是人民公社有很大一部分是“作穷”的。实际上，1958 年是很有收成的。结果那地瓜的收成到什么程度啊，用犁犁地，找上两个妇女在后头拾。收完了就打发两个人挖个大窨子（大坑），把地瓜埋上，然后就回家了。到了第二年地瓜全烂地里了。当年贫困一部分实际上是人为的原因。妇女们拾地瓜，男人上哪去了？“以钢为纲”，大炼钢铁，搞企业去了。个人吃食堂了，你也不用生火做饭啦，把个人那锅、鏊子都拿过去，“吭哧吭哧”地砸了。实际上应该说是这三部分原因造成的。

不过啊，咱说回来，政府的愿望是好的，想让这个老百姓一下子就脱贫。但是经济是有规律的，我在家里养花我知道，庄稼就按自然规律长，你温度就是升到 80 度也不是一天能长起来的。到后来我觉得是什么呢，电影电视里也演过，政府后来想明白这个事了，就想办法开始灵活地搞建设，就抓紧经济了。原来说是“以钢为纲”，后来改成“以粮为纲”，还是要先填饱肚子啊！

1962年收了麦子以后，人们的生活就略微好了。1962年底，食堂也解散了。食堂解散了以后，个人就开始种个人家的地。这以后就强点了，不解散人们就都不劳动。

我1957年上学，1958年吃食堂，一直在这个困难当中上学，到了1963年我从西沟完小毕业。完小是2年，初小是4年。毕业后我上了初中——莱芜四中。咱这颜庄有个莱芜四中，在车站沿上。初中课程是数学、语文、物理、历史、地理、生物。

闫振芷在接受访谈

到了1968年春天，我就结婚了，一个亲戚介绍的，就是你这个大娘。结婚以后到了夏天，就通知让我回学校，去那做啥呢，上高中。我已经结了婚了，对上高中愿望也不是很强烈，俺父亲不在家，没有人挣工分，我当时是家里的主要劳力，后来没再去。人家一听"闫振芷他结婚了"，我就被除名了，没让我上，我也没要求。我在家里就正式地种地了，种了地之后学了半年木匠。到了1969年就有小孩啦，当父亲了，一直在地里干活，犁地、耩地、扬场我都干了。犁地，就两头牛，套上牛之后翻地，它有耙，人站到耙上之后就"咯噔咯噔"的。耩地使耩子就"咣当咣当"的，是吧，哈哈！还有扬场。

我一年挣工分很少啊，作为一个小伙子，就临时给人家帮忙盖屋啊。咱

帮忙多了，咱有事的时候人家来帮忙的人才多，大伙儿都很信服啊。一年我是挣 300 多工分，300 多算中等户。你得干其他的工作才能够啊，其他的工作比如记工的，一天一个劳工。或者为了多挣工，推车子、出粪，到莱芜那边出粪，出到街上。再一个就是包工，队长说锄完了这个地多少工分，要是 5 个工分 3 天弄完了，一天你不得一个多工啊，那不就多了是吧，不过这种包工很少。1983 年以后就不挣工分了。

吕发亭

吕发亭在讲解村落历史

那时候穷啊，就是我和我小弟弟上了几天学，上到初中。上到初中就不简单了，整个莱芜就那么一所学校啊。我 1957 年毕业，毕了业回了村。1960 年结的婚，是经人介绍的，她也是这个庄的，姓闫。同姓你不能结婚，特别是我们这一系，天下姓吕的都不乱，都是一家。它论世、论门，一说多少世，都知道。若干朝代了吧，应该是同姓不结婚。现在也有同姓结婚的，其他姓也有同姓结婚的，电视里就有啊。按老规矩来说，同姓不能结婚。

生活困难的时候，你们都不记得。1960 年闹饥荒，我差点饿死了啊。那时候缺文化人吧，我就干了教育。一开始教书是民办教师，那时候工资才 29 块钱，最高工资 29 块啊，到了后来是 31 块，这后来不孬了。我干民办教师的

时候啊，家里有地，公家每月有补助粮，生活比农民强些。干了 20 多年民办教师，那时候没转正任务啊，一有转正我就转了。我是 1986 年转正的，退休那年工资才 784 块。

老祠堂后面就是我的老家。这岭上房子是 1980 年盖的，1981 年我们搬上来的。为了节约土地啊，不都让上这岭上来盖房子嘛。当时政府鼓励我们在这上面盖房，不会给我们些补贴啥的，完全是自己的事情。后来不是一户一院嘛，要弟兄好几个呢，得一个兄弟一处。当时盖房子，自己能干的就尽量自己干。打石头咱打不了，得雇人，开山，推石头。我盖那个房子用了 500 来推车子，500 来车呢，咋能干了啊。开山，打石头打了七八天，雇人家，得管人家饭，给人家钱。完了你得找人推啊，亏得推那时候没有要钱的，四邻相助。你可以找上庄的来，也可以找下庄的，兄弟、爷们、朋友蛮好的，说“你来和我帮帮忙”。本来两天能推完的石头，结果他们加了班，一天就推完了。那时候房子全部是石头的。现在这个房子就是那个时候盖的，原来的房顶被水洇了，9 年前翻修了顶盖。现在只有地基是石头的，上面都是砖的。

金牛岭上以石头为屋基的房子

刘成总(1952 年生，退休职工)

我上的学不多，上的学校可不少，现在算大专学历吧。我上了一年初中，没等到“文化大革命”，家里生活条件不行，就不上了。

我小时候，1958 年以前，国家就提倡种植“金皇后”“大马牙”(均为玉米品种)。小麦优良品种是“蓖麻一号”“蓖麻四号”，咱这里的麦子是“葫芦头”，产量很低，那时候一大亩地合现在 4 亩，亩产 300 斤小麦，这还是长势最好的麦子的产量。以前小米种的很多，生产队时候，在下放干部没来之前人们大面积种小米。人们主要是种晚谷，一茬麦子，一茬晚谷。下放干部来后，配种是先从俺这个生产队配的，教给你如何授粉，我还去学过几次。从泰安弄来的杂交玉米，就在咱办公室西边的地里种。当时莱芜还属于泰安地区，下放干部正好包俺这个生产队，玉米种植时株距不超过 25 厘米一棵，行距是 20～25 厘米，现在一般都是 40 厘米，一年下来俺生产队的粮食产量就增了 1 倍还多。其中有一块地长得很好，生产队分了四次还没有分尽。

村民闫家彬家的老房子

刘成总在接受访谈

当时发布票，一年二尺九寸，买个背心，最少还得花八寸。那时候衣服最好的是 32 支纱、21 支纱、18 支纱，那天我看新闻报道都出 500 多支纱的了。以前人们主要穿粗布，普通老粗布当时比较好的，叫斜纹，一尺是六毛多点。的确良布料要到 1972 年以后才出现，当时比较贵，是一元零几分一尺，很少有人穿。白洋布和平纹布的价格分别是三毛一分五一尺和三毛四分五一尺。实际上最经济实惠的是人造棉，五六毛钱一尺，布宽，轻快，还好洗，干得快。的确良一块多钱一尺，做个裤子要六尺，就要六块多钱，种地的谁能买得起。除非这个小孩到了找媳妇的年龄，不管怎样都要买上一身，装装门面。

早饭人们一般会炒菜，这几年不大炒菜了，村里就有卖豆腐脑什么的。新泰这边人们起来干上一会儿活再吃早饭，所以呢早饭你必须要好好吃。一黑夜 10 多个小时，你再干上 3 个小时的活，就饥困(饿)了，所以必须要炒菜吃。现在都出去干活，7 点走也好，6 点走也好，吃上一点就走了。现在条件好了就不一定炒菜了。农闲的时候人们就吃两顿饭。

村里随处可见的石碾、石磨

小时候人们主要吃地瓜面摊的煎饼。煎饼有滚的，也有摊的。滚煎饼就是从新泰那边开始流行的，我们这边都是从新泰学的。这样做又省柴火又省工夫，摊得又快，但是不如抹的那种结实好吃。滚煎饼很省劲，又不用上磨推，但也需要发酵。地瓜面发酵以后，弄成不软不硬的，抱着那么一块一滚，粘上一层，再用刮板一刮就成了。1961 年、1962 年的时候，人们看到地瓜面窝窝都馋得慌。当时就想咱什么时候能吃上地瓜面窝窝，后来人们就开始吃玉米面煎饼、窝窝。俺这个村吃上白面馒头比较早，因为土质好。可能是 1973 年的时候，泰安五七干校的一伙子干部到了俺村，当时成立了革命委员会，这是一批下放的干部。虽说是一些下放干部，但通常都是去比较好的村。我们村就比较好，首先交通比较方便，再就是在俺们村干活也行不干活也行。我们村来了泰安地区一个交通局局长、文教局局长，还有一个共青团委的干部，好像是一个干事。还有一个泰安柴油机厂的干部姓张，还有农业局和地质局的各一个。其中农业局的这个人是莱芜人，是他在我们这里推广种植杂交玉米的。

那时候人们晚上打牌、玩，又没有电视。农闲的时候就没有事干，所以就抬闲杠。那时候人比现在开放，小青年男的、女的都在大街上玩，人思想比较单纯，没有这事那事的。抬杠的历史很久远了，我听老一辈人说，抬杠就是从吕家开始的。那时候的人穷，但小青年都抽烟，一般是抽旱烟，也有买烟抽的。那时候买的最好的烟，比较上档次的，是一毛八或者两毛来钱。一毛八是“天桥”牌的，两毛来钱是“天金”牌的。旱烟都是自己种的，当时生产队就比较有权力，专门拿出一块地来种烟。那时候人们抽烟都是用烟袋，比如说你和老人在一块吧，你超过 16 岁，老人就会说抽一袋吧。剩下的旱烟可以拿到市场上卖，当时是一块多钱一斤。

我在没干建筑之前是推小车。那时候很多人连小车也推不上。在厂里用小车推石头、推沙子、推砖头，一天最多能挣 4 块钱。原来生产队要提留，后来人们可以交一块二毛钱买个工。那个时候生产队牵着，不让你出去。我是 1973 年出去的。当时我出去是生产队拾阄(抓阄)拾着的。咱这个村是莱芜市第一家村办建筑队的。当时大家都想干，一个是当时规模没有这么大，另一个是在村里事多，所以要拾阄。说来个运动，你村里必须要用多少人。比如说俺这个村吧。让你用 100 个人，一个生产队就得 10 个人，干的活尽是些没点效益的活。那时人口总共不到 1000 人。你用 100 人，就占到了 10%。

当时还没有实行改革开放政策，大家都愿意去。那时候生产队里也愿意去，去的话有提留，三七分成。个人要 30%，生产队要 70%。你去干个小工，是一天一块二毛五，30%，一天就是三毛七分五。那个时候肉就七毛二一斤，能买半斤肉。现在盐一块五一斤，当时盐才一毛三呢。这样一个人一年能提百十块钱。当时在生产队，一天平均也就能分个两三毛钱，不如在外边干挣得多。而且在外边干的话，除了能提点钱，生产队还会给你算一个

工。干得工都分成粮食，当时粮食几分钱一斤。分给你粮食，给你折钱的时候，麦子是六分多钱一斤，后来一毛多钱，一毛一或一毛二，干一天等于半斤麦子。

我原来是推小车干小工，干了几年后我又学的预算，是从莱芜学的，时间是1985年。我从20多岁就开始干建筑，后又培训、学习，上过农业广播学校的企业管理。从1987年开始进村里建筑公司担任职务，一开始主要负责技术。担任主要负责人则是1990年老经理退了以后。

张克淦(1940年生，退休职工)

我在外面工作32年，礼拜天回家一次。我为啥知道这些民间的事呢，因为我毕业以后，高级社的时候我在大队里当会计，在大队待了两年。一到大队，他们会说这些事。那时候三个村一个联合社，这个村、莲花池、西沟，我是会计。他们在那说吧，我就在那听。

你大娘一直在农村老家种地、带孩子。我和你大娘是人家给介绍的，结婚前没见过面，领结婚证按手印以后才看到你大娘的模样。是你大娘她姐姐给说的媒，一分钱彩礼都没有，一件衣服也没买。那时候根据各人情况，有要的，也有不要的。那时候啊，你跟人家要彩礼，前脚要了，后脚你就得到人家家里还账。都没有钱啊，哪有现在这么富呢！那个时候要彩礼也就是几件衣裳，“剪子钱”就是压底啊，压上个一块两块的，不空手。有的压两件衣裳，有压两块布的，有压两块手巾的等。

张克淦

当时娘家还陪嫁了一对椅子、一个桌子、一个柜子，这在那个时候是最好的。哈哈，那时候你大娘家条件比较好，不算孬！

结婚的时候，她娘家找人给看的八字，我不信这个，但那时候，就是兴看八字。

订婚在这里叫“换终”，就是把亲事定下来了。男方邀请女方到家里做客，看女方的家庭，有大爷、叔叔什么的，女方本人自己也来。这些吧，中间说和的人都已经说好了。女方有男有女的来两桌，男方找人陪客，下一步就商量结婚的事情。一般女方到男方家带东西的很少，男方要给女方彩礼钱啊，以前是 100 块，后来是 1000 块，1001，叫“千里挑一”，现在是“万里挑一”，这都是有钱的人家给提起来的。就是说我找的这个媳妇，是一万个人里面挑出来的，很优秀的。另外，男方还给女方准备一些金银首饰，比如戒指、耳环、项链，还有衣服。现在没有衣服，都给钱。主要是怕买的衣服相不中或者不合身。这些东西和钱都是女方临走的时候带走。

有的呢，结婚的时候，女方又把这些钱和东西带回来，有的娘家就给用了。有些经济不发达的地方呢，人家给闺女的钱娘家不给闺女带去，留着给自己的儿子娶媳妇用。

订婚以后，还没有结婚的那些年，每年过了年男方要到女方家看新亲戚去，带两条咸鱼，割上肉，买上酒。然后男方就把女方领回家里去，父母不跟着过去。结婚的时间是双方互相商量着决定的，一般在换终的时候定下。比如女方说是六月还是八月，男方就查好日子，写个东西，写上年龄和查定的日子，要年命帖子(男女婚嫁时交换的记录有双方姓名、年龄、生辰八字等信息以查证是否合婚的红色帖子)，约定什么时候坐轿等等事情。临到结婚前，男方还要派个人到女方家来，目的就是看看女方准备得怎么样了，落实一下什么时候接人之类的事情。婆家给新娘子送去红棉袄，然后结婚的时候，新媳妇要穿到男方家里去。

婶子、嫂子给新娘子打扮，姑姑不能打扮。俗话说“姑不接，姨不送”，嫂子、婶子、大娘、姐姐、妹妹都可以送新娘子到婆家。新娘走的时候，她娘啊，也掉泪，舍不得啊，但是不能哭出声音来。

新郎亲自来接新娘的习俗才兴几年，以前吧，就是娘家人自己送去，娘家雇轿子把新娘送到男方去，男方给赏钱。现在是男方用汽车接，新郎跟着去，把新娘接回来。关门要红包、不让新郎进门都是近年才兴起的习俗，过去直接就进家里了。

新娘结婚后第二天回娘家接着又回去，这也是才兴起的习俗。以前是结婚以后娘家来搬姑娘，男的不去，然后娘家再送回去，这公事就办完了。

以后什么时候想走娘家就随便了。现在吧，结婚当天，女方不是有亲戚送吗，男方不是也有陪客的啊，吃完饭以后男方就和女方商量，就是第二天怎么回娘家。有的呢，女方和男方一块上娘家去，当天返回，以后女的随时去；有的男方和女方在娘家住一宿再回来。现在大多数情况是男方和女方一块去，吃完饭，女方再派人送回来就结束了，以后回去的时间就随便了。公事的程序是越来越简便了。

俺们那时候的风俗和现在不一样，结婚以后，一直到过年才回娘家，在娘家住三宿，也有住六天的，还有住九天的。新娘和新郎在娘家不在一起住，她还和姐妹们住一起，单独一间屋给我自己住。两个人在娘家也不敢说话，互相看见了，赶紧低着头走过去，怕人家笑话啊！

村民结婚时村碑上贴的红纸

俺们结婚的时候拜堂了，还盖着红盖头。新娘到了男方家以后，男方有两个女的搀扶着新娘子，磕了头拜了天地，两个女的就把新娘子送到新房里去。女方来送新娘子的人都去赴宴了，因为他们的任务已经完成了。到了第二天，新娘上婆婆屋里去给公公婆婆问好，那时候也没有红包。父母包红包都是20世纪80年代以后才兴的。

原来吧，女方做双新鞋，结婚仪式中叫男方给穿上，然后吃宽心面。宽心面新娘陪嫁带来的，婆婆家下了，男的也喝，女的也喝。

新娘子带的红盖头，由送亲的给送去，然后上轿的时候给蒙上，拜了天地以后，新娘走到洞房门口的时候，婆婆用擀面杖把盖头取下来，揣在自己腰里，表示婆媳俩好嘛！不是像电视里那样，男的给女的揭盖头。

村民结婚时在石牛身上系的红布

吕同教

没入社前我家有两亩地，刚刚够吃。那时候就是初级社、高级社，从互助组一步步开始的，1955 年到 1957 年就有。1958 年那个时候我就入社了，干活记个 2 分工、3 分工的，不去干吧，自己家的地就被人家种上了。

吕同教在拉二胡

在队里的时候，每个人各有 10 亩多地，但从 60 年代以后肥料一直跟不上，粮食品种、产量也不行，现在 1 亩顶以前的 10 亩！就是入了社，交公粮太多了。不是大队一块交，是个人送去，送到颜庄粮站。送棒槌、麦子，每年八九百斤，再送点地瓜干。按人口分的地，按人口上交公粮。

俺家人口多，两个男孩、两个女孩再加上俺母亲，一共7口人。成天在队里干活，一天一个工，计10分工。你大娘才五六分工，口粮按年份分配。1962年最辛苦，俺们村有出去逃荒要饭的。1964年稍微强点了，那时候刚刚够吃，也没啥好吃的，买点地瓜叶什么的，煮一煮。

1964年俺们结婚那年，俺22岁，你大娘是23岁。她不是这个村的，但是一个公社的，经人介绍的。她成分是贫农，俺是中农。当时家里很穷，结婚那年，一个人才分了40斤麦子。第一个孩子1965年出生，那时候生活好点了。老大和老二差4岁。那时候还是公社，粮食分得少，但是有粮食吃了。

"文化大革命"的时候俺学会了拉二胡。1966年，大队有个宣传队，我参加了，后来人家把二胡要回去了。现在这把是不久前我闲了去集上买的，多少年没练过了。我这光图价格便宜了，质量差，拉出来不好听。

三、1983年以来

闫振芷

1983年以后就包产到户了，地又分给个人了。我还分了个镢头，还在这儿搁着呢。还分了一杆秤。当时南下冶村一共12个小队，俺们队一共是40来大亩地，40来大亩地就是现在的160来亩地，分下来人均不到1亩地。俺家好像分了三四亩地。

分地以后，那个变化就太大了，立时农民的粮食就不紧张了啊。到1983年粮食一下子多了，不光够吃，还有余粮，有粮食贩子来收了。你得承认分地的政策调动起个人的积极性来了。你看现在干活，都利用这样的大晌午天在地里干，干劲大着呢！在队里干活的时候，早上起来，先上自留地里去捣鼓、整治一阵子，回来以后在街上就等着，等队里人齐了才一起走，到了地里锄一会儿就先去吃饭，吃完饭以后再在街上等着，等到别人都吆喝着"走吧走吧"，扛上镢头跟着别人就走了。晌午下来吃午饭，下午干同样的活。

当然啊老百姓还有怨言，孔子说的"不患贫而患不均"，还是不匀乎。

我是1973年教的学，当时工资最低是6块钱，教了学以后就是挣工分。到了1991年我去考了正式的，就是在泰安师范上学。教学多年一直是中级职称，没有到高级，我就是光忙着给公家干活了，耽误了！如果评上高级职称的话现在退休金能多不少。那个时候中级职称和高级职称也才差几十块钱，我当时也没在意这事儿，结果现在了不得，差1000多块。但想想现在也挺满足的，我当时主要就是沾了爱好看书的光。

原来这里都是房子，俺老家在东边，拆了。这不又来了个政策，这路西暂时先不拆。今天我看《大众日报》上有一个“留住乡愁”的文章，这个里头提了说政策不成熟。其实当时也不统一，地方官员要政绩，上头说啥就快点做啥，现在不都是这么个情况嘛。很多人搬家搬不起，我在公家干了那么多事，多少有点工资，凑合着给我孩子买了一户，在那里住着。我就在这里，他们不叫我搬我就在这儿。

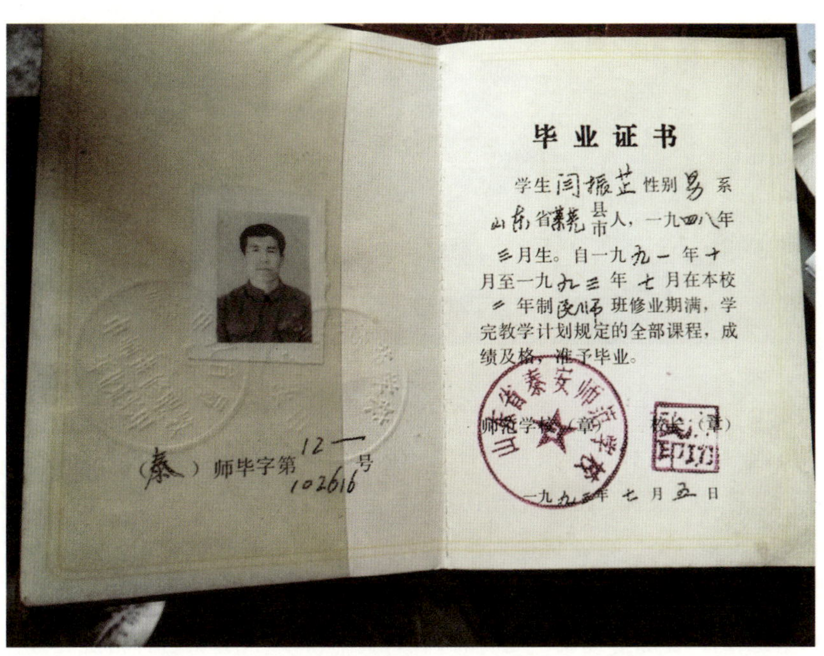
（泰）师毕字第12—102616号

毕业证书

学生闫振芷性别男系山东省莱芜县/市人，一九四八年三月生。自一九九一年十月至一九九三年七月在本校二年制民师班修业期满，学完教学计划规定的全部课程，成绩及格，准予毕业。

山东省泰安师范学校

师范学校（章） 校长（章）

一九九三年七月五日

闫振芷在泰安师范学校的毕业证

我有两个孩子，一个女儿在莱芜，她原来在莱芜啤酒厂。那时候是20世纪80年代末，啤酒厂建立前到我们这儿招工，我那时候很落后啊，连商品粮是啥我都不懂。结果后来啤酒厂倒闭了、破产了，我女儿属于下岗职工。下岗职工得自谋职业，她就找了个在超市里的工作。现在她在超市熟食区干活，很累，今年已经50岁了。我儿子小，现在在镇上的派出所里。派出所

它属于镇政府，但是不属于镇政府领导，属于公安系统。我儿子也不是正式的职工，反正现在干着吧，转正不转正还不知道怎么办，他自己努力吧。我跟他说，你得想办法，得创造条件，得有立功表现才行，得勇敢地冲在前面啊，你别到时候杵在后头，什么事也不敢担当。

闫振芷家的一个书柜

农村人干个什么事习惯查日子，就是选个黄道吉日。比方说“建、除、满、平、定、执、破、危、成、收、开、闭”，这十二字它来回地换。黄道吉日中的黄道不是天象那个。再就是这东西啊，每当我看的时候也确实很矛盾。你按照这十二字的算法，按佛家算法，按照天象、星象算法，那都不是很一致。在这里是吉日，在那里呢就不是吉日，有的就半凶半吉的，就这种情况。等你们毕业参加了工作，有时间了可以买这些书看看，你不能只听我说这个啊。山东大学有位刘大钧教授，我还打印了他好几篇论文呢。

我这个年龄段受“文化大革命”影响很深，破除迷信，都不信鬼神。回家了以后，老百姓来找你看日子什么的，你不做又不好，什么流言蜚语都会有。干什么都要查日子，走亲戚也要查。村里开工什么的，也有干部会来问我。

这村有信佛或基督教的，不过没传开。为啥没传开呢？咱这儿文化层次不行，信这些个的家里都是没文化的。他不知道这些是什么东西，就是跟着去听听。不过我这儿有《圣经》，看得也不少；还有就是《古兰经》，伊斯兰教的；再就是佛教的。去年的时候我还买了季羡林那个《谈佛》，我这儿还有季羡林的文章《作诗与参禅》，那是山东的大家啊。

村里能跟我聊这些书的有一两个人，反正我在农村需要看这些书，但我不能整天说这些，叫人笑话嘛，是吧。咱是到哪儿说哪儿，庄户话咱得说，书上的事咱也得探讨。

这毛主席像啊，是我花 100 元钱在博山那边请的。毛主席啊，你得承认他为了中国的独立确实是费了事了。老百姓一般很少有请毛泽东像的。因为我看了很多毛泽东的材料吧，承认他是个伟人。再一个是，这个人绝顶聪明啊！虽然不烧香，但我每年都搁上红烧肉，倒上酒，倒上茶，搁上筷子。

闫振芷请的毛泽东像

张克淦

二月初二搬闺女。我们家的女儿出嫁以后，都没有搬的了。她们都在外面上班，蛮忙，有时候礼拜天回来。以前那些嫁出去的女的，裹着小脚，庄户人家牵着驴去接。二月初二，女婿一般不来，女儿回来再回去的话，看她婆家忙不忙，再定日子回家，没有固定的日子，父母再把她送回去。婆家都很热情地招待娘家人，接送时都一样热情对待。

为什么要盖土地庙呢？我们这个庄里经常出事，人家给看了，就说要给土地老爷盖上庙。盖上以后出事少一些了，但也没多大改善。盖土地庙都是老百姓自发的，我还是一个组织者呢！就是大家攒起钱来吧，叫我给管理，钱不够的话再找厂子捐款。砖厂捐的砖，砖再不够就去自己买。一共花了 2000 多块钱，土地庙盖了有六七年了。

刘成总

现在吃的粮食主要是小麦。吃煎饼的人很少了，吃煎饼大约在 1980 年以前。1982 年分了地，男人可以出去干活，女人在家里种地。干活挣了钱是自己的，又有粮食吃，又有钱花，这才改善了根本条件。

吕发亭

我有一个男孩，四个女孩，就那么唯一的一个男孩，排行最小。现在，咱山东财经大学不是在莱芜设了分校啊，我小孩就从这个财经大学莱芜分校到济南来回跑车。他开的是公交车，主要是来回地接送老师。每周还有 2 天的休息日，如果有活他才出车，没有活就不用出车。我的外甥女，在山东政法学院上学，读研究生。

楼房啊，年龄大的人不去了。几个女儿都住楼了，就在南边那个村。她们的小孩在莱芜读书。

我退休的时候是小教高级。我退休都 20 年了啊，越退得早钱越少啊。要是晚半年，就相差两级工资，我正赶上那年提工资。

村里的麦田

吕同教

后来大队把地分给个人生活就好了。原先是队里分给个人粮食，还得送公粮。这下分地了，咱还是那么些公粮，自己留得多，能吃得多。种好了不就有了,不种也没办法交公粮啊。那时候除了种地,没有别的收入。

1978 年分的地,刚开始分的多,一个人分 10 亩。当时我家 7 口人,分了 70 亩地。闺女嫁出去了地没收,老母亲不在了。一开始地还在,现在老母亲的地也没有了。儿子出户,地也带走了;姑娘的地不带走,但是大队收走了。现在光俺老两口的地了。15 年都没有变,2006 年又分了一回地。后头 90 平方米,南岭上 120 平方米,还有 70 平方米……就这些,加一起还不到 300 平方米。半亩地的话是 330 平方米吧,我们的不到半亩。

15 年地没有动,俺儿子找媳妇的,地分出去了,俺就把俺的地按人口给他了。咱们 7 口人的地,出去他们俩,就带走了他们两口人的地。儿子把地带走了他种,俺们的就少了。所以,现在就剩半亩多地了。

吕同教家的老照片

大队没调整之前,地毯厂占地,按照一平方米一块五补偿。厂里拿了咱们的地,付钱是付给大队了,大队再分给个人。大队一年给一回钱。实际上,100 平方米,就给你 150 块钱。俺们的地没有占到。修公路占的是大队的地,不是咱个人的。

小时候俺们受不少苦,现在吃得好,穿得好,条件好了。那时候种地是队里种的地,分点粮食,送公粮送好几趟。现在别说不送公粮了,种地还给

钱呢，多好，知足了！你啥毛病没有，这个补助金吧，光吃饭就够了。能给子女减少负担，生活基本上能保障，现在人都说，没有毛病好生活！

我就是神经衰弱，干活累的。还有腰椎间盘突出。这个眼睛，是1983年干建筑叫钢筋崩着了，晶体脱位到玻璃体里面去了，后来失明了，再后来去县医院把晶体摘除了，现在看不清，没光感了。但赶集、种地还行。

老大是1990年结的婚，生活好些了。那时候嫁妆，就是打了些家具。嫁闺女比现在是便宜，现在彩礼钱那么多，俺那时候一分钱没要。儿子1995年结婚，结婚半年就出去了，也是在庄里，给他盖的房。俺们真要是没处住，就向大队申请，批下来再盖。

土地承包了之后，还是种粮食，比如麦子、玉米等。后来生活就渐渐好了，有了厂子，大儿子去搬水泥去了，挣了钱。老二就不行，结了婚就去干建筑了，后来活少了，就去贴瓷砖了。二姑娘是1996年结的婚。儿女十天半月来一趟，都不空手来，现在交通也方便了。

附　录

主要受访者(以年龄顺序排名)

张克永,男,南下冶村人,1928 年生,村里白公事专家,熟悉民间文化。

闫奉信,男,南下冶村人,1929 年生,熟悉抬杠典故、志公信仰。

张景春,男,南下冶村人,1934 年生,熟悉祈雨习俗与志公信仰。

吕发亭,男,南下冶村人,1938 年生,退休教师,曾参与村碑撰写与族谱编纂工作,熟悉家族文化。

苗成学,男,南下冶村人,1938 年生,1965 年因建葫芦山水库迁到南下冶村。

张克淦,男,南下冶村人,1940 年生,退休职工,见闻广博,熟悉民间文化,热心公益,曾参与土地庙复建。

张菊美,女,南下冶村人,1941 年生,曾当过教师。

吕守庭,男,南下冶村人,1942 年生,熟悉抬杠典故。

吕同教,男,南下冶村人,1943 年生,熟悉民间风俗。

吕鸿儒,男,南下冶村人,1946 年生,熟悉抬杠典故。

毛发贵,男,孙家庄人,1947 年生,曾任孙家庄村党支部书记,莱芜市劳

动模范，莱芜市第十、十一届人大代表。

闫振芷，男，南下冶村人，1948 年生，退休教师，热心传统文化，博闻多识，为村委撰写乡村简介，有多篇介绍南下冶村求雨、抬杠街、金牛岭等方面的文章发表。

刘成总，男，南下冶村人，1952 年生，长期在南下冶村建筑公司任职，曾担任公司经理，熟悉村落历史、掌故和抬杠故事。

闫家彬，男，南下冶村人，1953 年生，曾在建筑工地打工。

闫家生，男，南下冶村人，1956 年生，曾任村委文书、党支部委员，熟悉村落情况。

闫振兴，男，南下冶村人，1962 年生，在村里的工厂打工。

吕安亭，男，南下冶村人，1963 年生，现任村党支部副书记，熟悉村落概况、传统文化。

刘洪生，男，南下冶村人，熟悉抬杠典故。

吕同洋，男，南下冶村人，熟悉抬杠典故。

后记

应莱芜市钢城区发展和改革委员会之邀,2009 年 8 月 31 日至 9 月 5 日,山东大学民俗学研究所、山东艺术学院的部分研究生在李万鹏老师的带领下,对钢城区颜庄镇的几个村庄进行了田野调查。其中,9 月 2 日、5 日,民俗所李浩老师、王加华老师与研究生付伟安、郁倩文、杨莹等集中考察了南下冶村的村落经济、家族、宗教、红白事习俗等方面的情况,注意到了颇具特色的"抬杠"习俗。2010 年 1 月 25～31 日,民俗所的研究生杨莹、郭凌燕再次来到颜庄镇,并花了两天时间集中在南下冶村调查,调查的重点是"抬杠"习俗,兼及志公信仰、年节风俗、故事传说等,并搜集了若干族谱、地方史志等文献资料。2010 年 3 月 14～17 日,杨莹再次对南下冶村的年节风俗、人生礼仪等相关问题进行了补充调查。

经过几次田野调查和搜集资料,形成了如下成果:王加华、赵春阳的《村落语境、民众情感与地域认同——山东莱芜市南下冶村抬杠习俗探讨》(《民俗研究》2010 年第 2 期);杨莹的《莱芜南下冶"抬杠"习俗研究》(山东大学硕士学位论文,2011 年)以及《抬杠:鲁中地区一种村落传统的形成与衰落》[《中国农业大学学报》(社科版)2011 年第 4 期]。这些成果主要聚焦于"抬杠"习俗,同时也涉及村落生活的诸多层面。这些优秀的研究成果及老师、同学们整理的丰富的田野资料,无疑是本书得以完成的重要基础,其中杨莹贡献尤多。

在南下冶村被纳入本丛书之后,有必要将南下冶村落生活的各个方面进行系统的梳理和研究。于是,2017 年 4 月 18～19 日,由我和民俗所的赵彦民老师带领罗蕊、刘晓静、李蕾三位研究生再次去南下冶村进行调查,此

次的重点是补充了村落经济、宗教信仰及个人生活史等方面的资料。

前后四次田野调查，我们搜集到了吕氏、闫氏、王氏族谱以及祠堂碑刻等原始文献和《钢城文史》《十卷书·村庄》以及村民撰写的文章等各类出版资料，也调查研究了村落生活、村民生计及宗教信仰，拍摄了大量的照片。相比较而言，我们最主要的田野工作是进行访谈。除了短暂的随机聊天外，我们还重点访谈了20多位村干部与村民，整理出了18万多字的录音资料。我们访谈的对象有干部、退休教师、退休职工，也有普通的村民。虽然以男性为主，但也有若干名妇女。我们访谈的地点不仅有村委会，还有胡同口、马路边、小饭馆、田间地头及村民家中。我们的访谈有大致提纲，但大部分的访谈是情境式的，我们尽量让村民讲他们想讲的东西。

本书的初衷是要通过田野调查的方法，全面、客观、真实地呈现南下冶村的乡村生活，尤其是传统民俗生活，但最终的成品可能既不那么“传统”，也不那么“客观”。这是因为：第一，当代乡村社会变化之快超出我们的想象。尤其2017年的这次回访，虽然距离上次田野调查只有7年，但这期间不少旧工厂倒闭，但又有一些新工厂出现了；旧村被拆得七零八落，但干净现代的新小区建成了；村委会大院没了，村委搬到了楼上。再加上原来受访的一些老人已经过世，更平添了世事沧桑之感。要从不断变化的现实中强行剥离出“传统”的因素，不仅有刻舟求剑的嫌疑，而且人为割裂了日常生活。所以在写作中，我们会特别注意村落生活中“变”的因素，将视角从过去延伸到现在。第二，访谈资料从本质上来说是历史记忆，它不仅受限于访谈人的记忆力与表达能力，也容易受到访谈人的教育水平、人际关系、媒体舆论、主观意图、谈话氛围的影响。受访者讲出来的内容是他自己理解的，而且是愿意讲、可以讲的部分。换言之，“言人人殊”是必然现象，而非偶然。如果我们无视访谈资料的差异化，或者简单以“正确”“错误”相区分的话，那么我们写出来的乡村生活必然是研究者视角里的乡村生活，而不是乡民理解的乡村生活。所以我们也特别注意访谈资料的“个体性”“主观性”，希望尽量多地考虑“主位”的观点，让人们讲自己的生活。从这两点来说，我们呈现的乡村生活具有相当的不确定性。

我们想感谢南下冶村所有的受访者。面对陌生的田野我们未免忐忑，但南下冶村民却给了我们宾至如归的感觉。一句“喝水吧”，让我们感觉到

村民的善意与热情，这无形中拉近了彼此的距离。当老人们用平淡、感慨的语气回忆自己的人生，讲着过去的种种酸甜苦辣，我们自己仿佛也经历了好多不同的人生。他们的知识、故事、经历、观点，时时给我们以启迪。最后，我们还要感谢所有参加田野工作的老师和同学们，没有诸位老师的指导和同学们不辞辛劳的访谈、整理录音，这本小书就不可能完成，从这个意义上说，本书是集体劳动的成果。当然，所有的谬误和不足都由我们承担。

韩朝建

2017 年 10 月

图书在版编目(CIP)数据

南下冶村/韩朝建,杨莹著. —济南:山东大学出版社,2017.12
(山东村落田野研究丛书 / 张士闪,李松总主编)
ISBN 978-7-5607-5918-0

Ⅰ. ①南… Ⅱ. ①韩… ②杨… Ⅲ. ①村史—莱芜
Ⅳ. ①K295.25

中国版本图书馆 CIP 数据核字(2017)第 328683 号

责任策划:傅　侃
责任编辑:刘森文
装帧设计:牛　钧

出版发行:山东大学出版社
社　址　山东省济南市山大南路 20 号
邮　编　250100
电　话　市场部(0531)88363008
经　销:山东省新华书店
印　刷:山东华鑫天成印刷有限公司
规　格:787 毫米×1092 毫米　1/16
14.5 印张　218 千字
版　次:2017 年 12 月第 1 版
印　次:2017 年 12 月第 1 次印刷
定　价:49.00 元
